効率化の精鋭

佐上峻作

朝日新聞出版

うちの会社は間違っている――。
その直感は、おそらく正しい。

もっと無駄なく働きたい。
でも、それができない――

この本を開いたあなたは、
この効率的でない世の中に、
きっと苦労しているのでしょう。

毎朝の無目的な朝礼。
毎週の形式だけの会議。
全員に配る紙の資料。

サービス残業、休日出勤……

しかし、こんな世界の片隅にも、
高い生産性を上げる**「精鋭」**がいます。

彼ら彼女らに共通するのは、
たった3つの「思考法」。

そして、**「声を上げる勇気」**があることです。

この本では、
そんなトッププレーヤーたちの
働き方をご紹介します。

圧倒的な効率化の果てにあるのは、
お金や栄誉、成長だけではありません。
人は、幸せになるために働くべきだ。

前置きは以上です。
共に、風通しのいい未来を切り拓《ひら》いていきましょう。

効率化の精鋭

はじめに

「最短経路」の世代

はじめまして。

Ｍ＆Ａ総合研究所、代表取締役社長の佐《さ》上《がみ》峻《しゅん》作《さく》と申します。

私たちＭ＆Ａ総合研究所は、企業の合併や買収をサポートするＭ＆Ａ仲介会社です。後継者不在や成長戦略など、さまざまな理由から、Ｍ＆Ａを考える企業は増えています。しかし、どの会社とＭ＆Ａをするべきなのか、あるいはどのような手続きで進めるべきなのかといった知見はあまり共有されていません。そこで、専門職である私たちが企業のみなさんのアドバイザーとなって、企業同士のマッチングや交渉、手続きなどを一貫してサポートしています。

私たちは、２０１８年の創業から3年9ヶ月という業界最速のスピードで上場を果たしました。営業利益率は53・0%と極めて高い水準の業績を達成しており、それに見合った報酬として在籍2年以上のアドバイザーの平均年収は2815万円となっています（2023年9月期）。その結果、2024年2月には、時価総額4000億円を突破しました。

また、社員の平均年齢が29歳と非常に若い組織であることも、私たちの特徴です。

このような実績を見て、「なぜそんなに早く上場できたのか?」「なぜそんなにも高い利益を出せているのか?」と質問を受けることがよくあります。

しかも、M&A業界は数名で運営している小規模な会社が多く、100名以上の社員を抱える規模の企業はほんの数社のみ。そんな業界で、後発企業である我々がどうしてここまで大きく成長できたのか、と多くの方に注目していただいています。

しかし、私たちは特別なことなど何もしていません。

革新的なアイデアで新しい市場を創り出したわけでも、最先端の技術が詰まった新商品を開発したわけでもない。

私たちがやっているのは、徹底した効率化。この一点のみです。

具体的には、DX化を極限まで推し進めて事務作業を削減したり、AIを積極的に取り入れたり、社内会議を原則15分としたり、経営会議を一切開かないことなどによって、圧倒的なスピードでの事業成長が実現しています。

何よりも効率を重視して、最短経路で任務を遂行する「精鋭」。私たちの会社は、そのような人材が集まって仕事に取り組んでいます。

業務の効率化がもたらす恩恵は、高収益だけではありません。

M&A業界は、高い給与が得られる一方で、残業の多い、いわゆる「激務」であるイメージが強いと思います。働き方改革が標榜されて随分経つ現在でも、そのイメージに変わりはないようです。

M&A総合研究所の社員も、大きな売り上げを立て、高い給与をもらっている人ばかりです。中には業界未経験にもかかわらず、入社1年で年収が1・8億円を超える社員もいます。

しかし、残業は多くありません。同業他社からの転職で、労働時間を約27%削減できたという結果も出ています。仕事に疲れてヘトヘトになっている人もおらず、みんなやりがいを持って、楽しく働いています。

さらに効率化は、仕事の質の向上にもつながります。仕事に余裕が生まれることで、お客さまに向き合う時間を増やすことができるからです。

効率化によって、そんな理想的な働き方も実現しているのです。

効率化が「使命」になった瞬間

みなさんも、日々の仕事のなかで「これって無駄なんじゃないか?」と感じることは、よくあるのではないでしょうか。

プレゼン資料を紙に印刷して配るとき。

出席者が多くて何も決まらない会議に出たとき。

顧客アンケートの回答を手作業で入力しているとき。
稟議申請で何人もの関係者に印鑑をもらいに行かなくてはならないとき。

私もそうでした。みなさんと同じように、「無駄だな」と感じたり、従来的なシステムに疑問を持ったりしたことが、M&A総合研究所を興す出発点になったのです。

私は20代半ばで起業し、その後、会社や事業の買収・売却を何度か経験してきました。会社（もしくは事業）を売り買いするのですから、手続きは煩雑ですし、マッチング先が上手く見つからないことも珍しくなく、M&Aは基本的に長期間にわたるプロジェクトになります。

しかし、その前提を差し置いても、「無駄に時間がかかっている」と感じることが多々ありました。「あの手続きはどうなっているんだろう」「大丈夫だろうか」と何度もやきもきしたものです。

なぜ、そんなに時間がかかっていたのでしょうか？

担当した仲介会社が人手不足だったわけでも、まして不真面目だったわけでもありません。

その理由は、**業務プロセスの至る箇所にアナログな手法が残っていたから**でした。業界全体として、デジタル化がまったく進んでおらず、足で稼ぐ営業、手作業での入力、目視による確認、口頭での連絡、紙による文書の作成と保存など、前時代的なやり方が当たり前のものとして残っていたのです。

そんな状態では、たとえどれだけ優秀な人材が揃っていても、仕事がスムーズに進むはずがありません。

高齢化が進み、後継者不足が叫ばれる日本で、今後ますますM&Aの必要性が高まることは疑いようのない未来予測です。それにもかかわらず、こんなに非効率な業界の現状では、いつか需要に応えることができなくなるかもしれない。もっと効率的に、スピーディーに、多くのM&A案件を扱える仲介会社が必要ではないか。

そんな考えから、M&A総合研究所を創業しました。

ですから、創業当時から効率化に取り組むことは、私たちにとって当たり前のことでした。もっと言えば、「自分たちの使命」だと捉えて、積極的にDX化に取り組んできたのです。

スマホが無駄を消した

こう言うと、私が特別に合理的な性格で、遠回りを嫌う人間のように思われるかもしれません。

しかし、こうした無駄に対する感度の高さや、効率化への意識の強さは、私個人の特性ではなく、私たちの「世代」の特徴だと思っています。

私は1991年生まれの33歳。M&A総合研究所のメンバーも、私と同世代の20代から30代前半が中心です。

俗に「ミレニアル世代」や「Z世代」などと呼ばれるこの世代は、経済面でも、技術面でも、文化面でも、何もかもがデジタル化した社会で育ってきた世代です。

ただのデジタルネイティブ世代ではなく、学生時代からスマートフォンを持ち、なんでも最短経路で答えにたどり着いていた「スマホネイティブ世代」と言ってもいいでしょう。
待ち合わせですれ違ったことはない。気持ちはチャットで気軽に伝えるもの。Ｇｏｏｇｌｅマップを使うから、知らない土地でも道に迷うことはない。グルメアプリで口コミをチェックするから、大外れのお店に行くこともない。倍速視聴でより多くの情報を短時間でインプットするのが日常。

そんな**「手間がないのが当たり前の世界」**で生きてきました。

そのために、アナログ的な手法の非効率さに敏感で、「コスパ」や「タイパ」の良い方法を選択しようとする傾向が強くあるのだと思います。

Ｍ＆Ａ総合研究所は、そんな同世代のメンバーが集まった会社ですから、「無駄なことはしない」という認識にまったく齟齬《そご》がありませんでした。当然、デジタル化やＤＸ化への抵抗もありません。

だからこそ、他社を圧倒するほどの効率化を実践してこられたのです。

「残業をしない」という当たり前の幸せ

もうひとつ、私たちの世代の特徴を挙げれば、プライベートを重視し、多様な価値観を尊重する人が多いという点があります。

上の世代の人たちには、終身雇用を前提として、結婚や子育て、マイホーム購入などの画一的な「幸せ」の形があったかもしれません。

しかし、私たちの世代は、モノよりも人間関係や体験の豊かさを求めているし、人それぞれの「幸せ」のあり方を追い求めています。物質的な豊かさや量的な豊かさはあまり求めていません。

キャリアにおいても、ひとつの会社に縛られることなく、フリーランスや副業といった働き方を選ぶ人が増えています。近年では、資産運用を前提として経済的に自立し、早期退職するＦＩＲＥという生き方にも注目が集まっています。

言い換えれば、私たちの世代は、仕事に対して大きく2つの軸を持っているのだと思います。

・必要なことだけに集中して、成果を上げたい
・プライベートも大切にして、自分にとっての幸せを追求したい

そして、この2つの希望を叶える最適な手段が、「徹底的な効率化」なのです。効率化を進めれば、面倒な作業やチェックに時間と労力を奪われず、自分がやるべき仕事に集中して取り組むことができます。

自分がやるべき仕事だけに集中できれば、当然、成果が上がっていきます。どんどん成果が上がる一方でコストは削減されるため、高い報酬を得ることが当然の企業が出来上がります。

しかも、無駄な残業がないのですから、プライベートの時間が充実し、自分のやりたいことにチャレンジする精神的、時間的、経済的な余裕も手に入ります。

いかがでしょうか？

きっとみなさん「そんなふうに働けたら理想的だな」と思われたはずです。

効率化を徹底する姿勢は、これからの時代に最も即した会社組織のあり方だと思うのです。

効率化でこの国を変える

この働き方は、特別なことではありません。M＆A業界でしかできないことではありませんし、デスクワークの業種でしかできないことでもありません。業界や業種、年齢や経験年数にかかわらず、誰にでもできることです。

本書では、私たちM＆A総合研究所の効率化事例を存分にご紹介します。これを参考にすれば、みなさんの会社でも必ず業務の効率化が進められるはずです。
チームを率いる立場の方や、これから起業しようと思っている方には、私たちの組織のあり方を大いに真似していただきたいと思っています。

第1章では、効率化を行う上で重要になる3つのマインドセットをお伝えします。
第2章では、どうやって効率化を図るのかについて、私たちM&A総合研究所の事例をもとに、ご紹介しています。
第3章では、仕事の根幹となるコミュニケーションについて、社内のメンバーや顧客のみなさまとのやりとり、マネジメントなど、いくつかの側面から語りました。効率化は決して人の心を無視した「機械化」ではありません。
第4章では、効率的な組織をつくる上で必要な思考法や取り組みについて、私自身の経験をもとにまとめました。言わば「リーダー」の立場の方に向けた章です。
そして、**最終章**では、これからの時代に適した組織のあり方や、これからの世代に合った働き方について論じました。本書を通じて、私たちの世代がどんな価値観を持って生きているのか、他の世代のみなさんにも知っていただける内容になっていると思います。

日本の業務効率化はまだまだ発展途上です。ホワイトカラーの生産性は先進国中最下位に位置するほど、課題山積と言える状況です。

しかしそれは、伸びしろが大きいということでもあります。

旧態依然とした産業界の常識をテクノロジーの力で変革することができれば、日本の経済を再び活性化させ、世界における競争力も取り戻すことができる。私はそう確信しています。

そして、それができるのは私たちの世代や、これからビジネスの世界へ足を踏み入れる「最短経路」の世代だと思っているのです。

ぜひ、私たちと一緒に、日本の効率化を進めていきましょう。

効率化の精鋭　目次

第1章

トッププレーヤーに共通する「3つの思考法」

第2章

効率化の絶対ルール

第3章

精鋭たちのコミュニケーション術

第4章

効率化で組織を変える

最終章

私たちはなぜ、何のために働くのか

第1章

トッププレーヤーに共通する「3つの思考法」

まずは効率化の本質を捉えよう

「どうせ言っても変わらない」という諦め

資料を読み上げるだけの定例会議。
更新された情報をエクセルに書き写す作業。
提出したら二度と日の目を見ない年次計画書。
階層だらけでどこに何があるのかわからないデータフォルダ。

――こんなの無駄じゃないか。

あなたも、そう気が付いているはずです。
この本を手に取ってくださったのも、毎日溜まった鬱憤が無意識に影響した結果なのかもしれません。

誰だって日々の業務に潜む、無数の無駄に気づいています。何十年も働くベテラン社員でも、大学を卒業したばかりの新入社員でも、同じ職場に1ヶ月もいるうちに、「この作業ってやる意味あるのか？」「もっと早く終わらせられそうだけど」という疑問や不満が生まれるものです。

それなのに、なぜ非効率な業務はなくならないのか？

この答えにも、みなさん心当たりがあるはずです。

「どうせ言っても変わらないし」
「うちはそういう会社だから」
「上司の考えが古いから」

そんな言葉で自分の違和感にフタをしているから、諦めてスルーしているから、なくならないのです。

あなたも持っている「無駄が見える目」

たしかに、会社にある数々の無駄は、あなたが入社するよりもずっと前から固定化していたのでしょう。すでに今のやり方に慣れきった先輩たちから、「仕事はそういうものだから」と教えられてきた人もいるかもしれない。考え方の違う上司たちを変えることは不可能ですし、「今更なくなるわけがない」「慣れるしかない」と諦めてしまう気持ちもわかります。

ですが、本当に無駄はなくせないのでしょうか？
本当に会社を変えることはできないのでしょうか？

私たちM&A総合研究所も、最初は今ほど効率的な組織ではありませんでした。むしろ、M&A仲介はとにかく遠回りが多い業界で、業務の中には、属人的で非効率な手法がたくさん残っていたのです。

すでに成熟した業界にあとから参入したわけですから、普通は「これが業界の慣習だから」と従来の方法を踏襲するところでしょう。

しかし、私たちは無駄に目をつぶらなかった。自分が顧客として感じていた無駄や、同業他社で働いていた人たちが時間を奪われていた作業を、一つひとつ本気でなくしていったのです。誰かが思い付いた削減案は必ず試し、もっと合理的な方法はないかと模索してきました。

そんな地道な改善を続けたことによって、現在の超効率的なシステムや、高い生産性を追求する企業文化をつくることができたのです。

逆に言えば、業界に改善可能な点があったからこそ、後発企業である我々にも事業を拡大できる余地があったのだと思っています。

あなたは今、無駄に気が付いている。

その**「無駄が見える目」は、あなたにとって大きな武器です。**

「どうせ変わらない」とその目を閉じて、大切な武器を手放してしまうのは、あまりにもったいないと私は思います。

あなたのその視線の先に、会社が変わるきっかけがあります。会社やあなた自身が大きな成長を遂げるためのヒントが隠されているのです。

「コスパ」「タイパ」は悪ではない

本書のテーマである効率化は、端的に言えば、コスパ・タイパを極限まで追求した考え方です。

コスパもタイパも、いまや日常的に使われる言葉ですから、みなさんもその考え方はよくご存じでしょう。コスパは費やす費用や労力、タイパは費やす時間に対して得られる満足度を意味します。より少ない出資で高い満足度を得たい、それによって自由に使えるお金や時間を増やしたいという考えから、コスパ・タイパを重視する人は非常に増えています。

例えば、ユニクロやH&Mなどのファストファッション。こうしたブランドの服が支持される背景には、ファッション性や機能性はもちろん、コスパの良さがあるでしょう。また、YouTubeやその他の配信コンテンツを倍速視聴するタイパ優先の考え方も広まりつつあります。

一方で、コスパやタイパの良さを求めることに、否定的な考えを持つ人も多くいます。そんな人からは、「コスパを優先すると商品の質が下がってしまう」「タイパを追い求めると仕事が雑になってしまう」といった反対意見が聞かれます。

たしかに、日用品のすべてを100円ショップで揃えるのが正解かと言うと、それは少し行きすぎたコスパ思考かもしれません。あるいは、すべての映画を倍速で観ている人がいたら、「本当にしっかり内容を観ているの?」といぶかしく思うでしょう。

しかし、こと仕事に限って言うならば、**コスパやタイパを重視するのは、議論の余地もないくらいに正しい「絶対解」**です。

なぜなら、仕事においても、コスパが良い＝利益が上がることだから。利益向上のメリットは様々な領域へ影響します。モノやサービスの価格を下げたり、従業員の給与を増やしたり、新しい事業への挑戦も可能になるでしょう。

いい商品はスピードの先に生まれる

また、タイパが良いことは、同じ量の仕事がよりスピーディーに完了することを意味します。つまり、生産性が向上し、短時間労働が実現する。労働負荷が大幅に減少するのです。そうしてワークライフバランスが整うことで、より仕事に集中できるようになり、サービスの質の向上にもつながるはずです。

実際、効率化を徹底的に実践している弊社では、創業5年という短期間で、一時は時価総額業界1位というところまで急成長することができました。お客さまにご満足いただけるサービスを提供できているだけでなく、社員もみんな高いモチベーションで働いています。

反対に、**仕事でコスパ・タイパを重視したことによって生まれたデメリットはひとつもありません。**

コスパ・タイパを最優先する。良い商品、良いサービスは、コスパ・タイパを追求した先にこそ生まれるものなのです。

大きなメリットがあり、デメリットはない。そんな効率化に、取り組まない理由はありません。考えるべきは、効率化を「やるかやらないか」ではなく、「どう進めていくか」なのです。

「効率人間」には共通点がある

では、どうすれば業務の効率化ができるのか？

具体的な方策の前にお伝えしたいのが、それをモノにするための「思考法」の重要性です。効率化の具体的なノウハウをみなさん個人個人が取り入れるためには、それを活かすための深い思考が必要なのです。

重要なのは、「手段」ではなく、その奥にある本質的なロジックです。それを理解することで、あなたの会社の業務に合った方法や、あなたの会社のメンバーにとって快適な手段が見えてくる。

みなさんには、**本書で知った効率化の事例を、みなさんの現実に合うように再構築してほしい**のです。そして、常に自ら効率化を実践できるようになってほしい。

そうなって初めて、あなたの会社でも、元に戻ることのない抜本的な変革が始まります。

そのために、まず、効率的に働く人たちに共通する「思考法」を身に付ける必要があるのです。「思考法」は、考え方のクセや物事を捉える視点、習慣的な思考プロセスと言い換えても構いません。

これまでお話しした通り、私や弊社のメンバーはみんな、つねに最短経路を好み、合理性を追求する「効率人間」です。また、周りの経営者の方々にも同じ傾向が見られます。ですから私は、効率的な人の思考法を分析するには、これ以上ない環境にいる人間だと思います。

ここからは、そんな私が、たくさんの「効率人間」を観察して体系化した、「効率化に必要な3つの思考法」をご紹介していきます。

①時間思考

徹底的に時間を大切にする

一つ目の思考は**「時間思考」**です。

簡単に言えば「時間を大切にする」という考え方ですが、単純に「遅刻をするな」「サボるな」などと言うつもりはありません。**時間の無駄遣いに厳しくなってほしい**のです。

ここで、あなたが毎日行っている業務を振り返ってみてください。
それぞれの業務に対して、「なぜ自分が担当しているのか」「なぜその方法で行っているのか」をきちんと説明できるでしょうか？

「上司に言われたから」
「以前からこの方法でやっているから」
「ずっと使っているフォーマットだから」

そんな理由で、疑問も持たずに受け入れている業務はないでしょうか？

仕事というのは、「なんとなく」習慣的に行っている業務が非常に多いものです。そのせいで業務量が減ることはなく、残業が増えていく。「なんとなく」長時間労働が常態化してしまう。

ここに「時間思考」の本質があります。

真に「時間を大切にする」には、つねに「本当に必要か？」「この方法がベストなのか？」と疑い、**「なんとなく」の時間をなくしていくことが大切**なのです。

ここでのポイントは、主語を変えること。例えば、「この会議は必要なのか？」と考えても、なかなか答えは出ません。そうではなく、「この〝時間〟は必要なのか？」と考えてください。「会議」も「日報作成」も「経費精算」も、すべて〝時間〟に置き換えて考える。

「この会議は〝30分〟も必要か？」
「日報作成は〝20分〟も必要なのか？」

日々の作業を分単位で計ることによって、そこに費やす無駄な時間を少しずつでも削っていくのが、「時間思考」を備える人たちの日常なのです。

1分を疑え。1秒を縮めろ

さらに言えば、トッププレーヤーたちの時間への厳しさは、1分1秒単位に及びます。

「たった1分なんて、たいしたことないでしょう」と思われたかもしれません。

しかし、毎日行う作業が1分短くなればどうでしょうか。週に5分、月に20分、1年で240分（4時間）が短縮されることになりますよね。

もしも、その作業をするのがあなただけではなく、10人いたとしたら。現在、あなたの会社には年間40時間もの「無駄な時間」があることを意味します。

それでも「1分なんてたいしたことがない」と言えるでしょうか？

「一円を笑う者は、一円に泣く」ということわざがあります。時間も同じように、1分を軽視し続ければ、その積み重ねによって生まれる他者（他社）との大きな差に泣くことだってあるのです。

1分の仕事を疑う。1秒短縮できる方法を考える。

そんな徹底した「時間思考」を身に付けることによって、無駄を見逃さず、効率化を推し進める土台がつくられていきます。

② 数字思考

徹底的に数値化して考える

二つ目の思考は**「数字思考」**です。

すべての物事を数字で捉え、数字で語ることができる、というスキルを指します。

「うちの会社でも、『今年の売り上げ目標は1億円』と掲げている」
「私は自分で『今月は10件の契約を取ろう』と毎月の目標を立てるようにしている」

そう思って安心した方もいるでしょう。しかし、それは「数字思考」とは言えません。

最終的なゴールだけではなく、業務プロセス、つまり**あなたの行動のすべてを数字で捉えること**こそが、効率化に必要な「数字思考」なのです。

例えば、あなたが営業職だった場合。アポイントメント数、商談数、デモ回数、契約件数、売上額など、プロセスを細かく分解して、数値化します。記録を継続していけば、商談から契約への転換率や平均顧客単価、リピート率などの数字も算出できる。

そこまで正確に業務を数値化すると、それまで「なんとなく」感じていたあなたの不足点が可視化されます。「売上目標を達成しているAさんは、アポ件数が自分の3倍で、契約率は4倍だ」といった具合ですね。

そうやって、自分の足りない部分がわかれば、次にやるべきアクションが明確になるでしょう。

これが「数字思考」です。現状を正確に把握し、他者や過去、目標と比較することで、不足点があらわになる。つまり、**目標を達成するためのプロセスを正しく導き出せる**ようになるのです。


反対に、数字という材料がなかったら、目標達成に何が足りないのか、自分が何をすべきかが曖昧になります。あれもこれも、すべてのプロセスにおいて努力するのは立派に思えますが、効果的なアプローチではない可能性のほうが高い。

先の例で言うと、アポイントメントの数自体が足りていないのに、商品知識の積み上げばかりに注力してしまう、といった状態です。それでは、いたずらに疲弊してしまうだけで、効率的な仕事の進め方とは言えません。

「なる早で」では曖昧すぎる

コミュニケーションにおいても、「数字思考」は有用です。

例えば、あなたがマネージャー職で、部下に資料の作成を依頼する場合。

「今度の会議の資料をつくっておいて」と言うのでは、「数字思考」ができていません。

そうではなく、

「今度の会議のために、新施策の要点を4つにまとめて、10ページ程度の資料をつくっておいて。13日の15時までにお願い」

と指示をする。

数字ベースで話すことで、資料の内容や締め切りについて、部下との間に認識の齟齬が生まれることを防げます。「もっと早く」「なる早で」なんて曖昧な表現をしていては、時間を短縮できるはずがありません。

曖昧な言葉で指示を出していた場合、「これってどういうことですか?」と何度も確認や説明のやりとりが発生したり、できあがった資料を見て「これじゃあダメだ」とやり直しの作業が発生したりする可能性もある。それは双方の仕事量・仕事時間が増えてしまう要因になりますし、くり返されれば精神的なストレスもかかってしまいます。

数字を使ってコミュニケーションを取ることで、時間的・心理的なコストを減らすことができるのです。

数字は、客観的な事実を示すものであり、世界共通の「ものさし」です。数字を使うことによって、物事は正確に可視化され、他者と情報共有するための共通言語にもなってくれます。

計画を立てるとき、業務を実行するとき、仕事を振り返るとき、人に指示を出すとき、仕事の方針を判断するとき。どんなときにも数字で考え、数字で語ることをクセづけましょう。

「数字思考」を身に付けたとき、自然と業務の効率を上げる方法が浮かび上がってくるようになります。

③全体思考

徹底的にチームで協力する

三つ目の思考は、**「全体思考」**です。

これは、常に全体（チーム）のことを考える、チームワークを重視する考え方のことを指します。

少し意外に感じた方もいらっしゃるかもしれません。「効率的な人」と言えば、個人主義で、自分に課せられた業務だけをスピーディーにこなすような人をイメージする方が多いでしょう。また、私たちのような「超効率的な会社」と聞くと、殺伐とした仕事風景や淡泊な人間関係を想像される方も少なくないようです。

しかし、効率重視のトッププレーヤーにチーム全体を見ない人はいません。チームワークを乱す人もいない。

なぜなら、周りから嫌がられるようなことをしても、社内で仕事を進めるうえで、メリットはひとつもないからです。「独善的な思考は会社にとって非効率」だとわかっているのです。

例えば、自分の得た顧客情報を囲い込む人がいるとします。その情報を使えば、周りを出し抜いて自分の成績を上げることができるかもしれない。

ですがそれでは、もしお客さんとの間でトラブルが起きたとき、すぐにチームでフォローし合う態勢をとることができません。会社に情報が蓄積されていなかったせいで、周りのメンバーとアプローチが被り、お客さんが会社に対して不信感を抱くことも考えられます。

一方、独善的な囲い込み以外にも、**「とにかく自分一人でなんとかしなきゃ」と仕事を抱え込んでしまう人**もいます。自分自身で解決策を模索する姿勢は大切ですが、そこで何時間も足踏みしてしまうなら、とても効率的とは言えないでしょう。ひと言上司に相談してみたら、「それは自分も経験があるよ」とパッと的確なアドバイスをくれることだってあり得ます。

逆に、**「まずは自分で考えろ」と部下を突き放すマネージャー**もいます。もちろん、自ら考え学ぶ姿勢が社会人として必要なのは確かです。

でも、そのせいで部下が失敗を続けてしまったら、それをフォローする業務が追加で発生する可能性もあります。部下の成長が長い間滞ってしまうことも考えられる。果たして、これが無駄のない指導法だと言えるでしょうか？

一人だけ打率5割の強打者がいるチームと、9人全員が打率3割を超えるチームがあれば、試合に勝つ確率が高いのは絶対的に後者です。打線がつながらなければ得点はできない。**スターが一人いるより、チーム全体の力があるほうが強い**のです。

「自分さえよければいい」という個人主義的な考えは、組織の成長を遅らせる要因になりかねません。互いに協力し合い、全員の力を底上げしてこそ、効率的かつ確実に強い組織ができあがります。そのために、いつもチーム全体のことを見渡して考える「全体思考」が必要不可欠なのです。

3つの思考が欠かせない理由

「時間思考」「数字思考」「全体思考」

この3つは、どれひとつとして欠かすことができません。なぜなら、3つは相互につながり合っているからです。

例えば、「全体思考」の前提として、徹底した情報の共有が重要です。しかし、会議や雑談の中ですべての情報を共有しようとすれば、膨大な時間がかかってしまう。つまり、情報共有の際には、時間に対するコスト意識（時間思考）を強く持っておく必要があります。

そして、時間のコストを削減していくには、数字で時間を可視化することが必要不可欠です。そうすることで、部下ははっきりと自分のやるべきことがわかり、締め切りまでの時間や他の業務との兼ね合いを考え、自ら優先順位を決めて取り組むことができるでしょう。

また、コミュニケーションの中心に数字を置くことで、誤解のない、スピーディーな情報共有も可能になります。

逆に言えば、「数字思考」だけに着目して、それが身に付いたとしても、効率化には直結しないということです。

数字で語ることができても、組織全体のことを考えられない個人主義者かもしれないし、成果（数字）が出せるなら長時間労働をすべきだという考えを持っているかもしれない。

そんな人間が集まった組織では、効率的な組織になれるはずがありません。

全体思考を叶えるためには、時間思考が必要。時間思考を徹底するためには、数字思考が不可欠。数字思考のコミュニケーションは全体思考を加速させる。

そんなふうに、3つの思考は互いに作用し合っています。

3つの思考は、すべて揃ってこそ真に効力を発揮し、効率化した組織の構築へとつながっていくのです。

1日20時間、泥のように働いた

このように、効率化について語っていると、「佐上さんは、最初からスマートに仕事をこなしていたんだろう」「経営でもつまずかなかったんでしょう」と言われることがあります。

しかし、実際はまったくそうではありません。とくに**働き始めた頃や、初めて起業した時期は、毎日が失敗の連続**でした。

この章の最後に、そんな私自身の経験を紹介させてください。

私が最初に始めたのは、ウェブデザイナーとしての仕事でした。大学時代、農学部で黄色ブドウ球菌の研究を続ける傍ら、「自分の会社をつくりたい」との思いから、ダブルスクールでデザインの学校に通っていたのです。スキルが身に付いたところでホームページ制作を引き受け始めたのですが、何次請けかもわからない仕事ばかりで、働いても働いても売り上げは微々たるもの。時給換算したら、私が仕事に慣れていなかったことも相まって、今月は１００円程度だったなんてこともザラにありました。

その後、エンジニアとしての経験を積むため、サイバーエージェントグループの株式会社マイクロアドに入社。広告配信システムの開発に従事し、その蓄積を活かして、25歳でＥＣサイト・メディア事業を手掛ける会社を起業しました。

このときも含め、20代の頃は１日に20時間くらいは働いていました。挙げ句の果てには、友人と旅行に行っても、道中に電車のトイレにＰＣを持ち込んでコーディングをする始末。いま思えば空気の読めない人間ですが、当時は自分の望む成功を摑むために、「誰よりも努力をした」と思えないと怖かったのです。

一番辛かったのは、立ち上げたメディア事業が軌道に乗り始めた頃です。サイバー攻撃を受け、５分に一度、サーバーがダウンする状態になってしまったのです。でも、どうしても対策ができない。結局、毎晩５分おきにアラームを鳴らして、手動でサーバーを立ち上げ続けました。

そんな作業が１ヶ月以上続いたときには、「自分は何をやっているんだ」と心身共にひどく疲弊しました。

いま振り返ってみると、効率的な働き方とは正反対です。若さと根性だけで、猛烈なハードワークを泥のように続けていました。疲れから、食事の味がわからなくなったり、好きだった音楽をまったく聴かなくなったり、失ったものも大きかったと思います。

ですが、そのこと自体を後悔する気持ちはありません。むしろ、当時のがむしゃらなハードワークがあったからこそ、現在の効率的な思考の礎《いしずえ》ができたのではないかと思うのです。


私はここまでたどり着くのに回り道をしましたが、みなさんには、この本を通じて、私が身に付けた効率化のすべてを知ってほしいと思います。

それでも「非効率」はなくせる

M&A総合研究所も、最初から今ほどの超効率的な姿だったわけではありませんでした。

創業から1年ほどは、自社で開発した業務管理システムのバグを直し続ける日々。「あれができない」「上手く動作しない」「フリーズした」。そんなトラブルの連続で、使いものにならなかったのです。

でも、トラブルのたびに「もっとこうしたらどうか」「こうしたら効率的かもしれない」という社員みんなの声を聞いて、改善を積み重ねました。

それによって、徹底的に効率化した会社組織ができあがっていったのです。

おわかりいただけるように、残念ながら、「明日から会社が変わる！」といった即効性のあるメソッドはありません。

どんな分野でも、プロになるには1万時間の練習が必要だと言われます。それと同様に、仕事の効率、つまり質を高めるためにも、**ある程度の量をこなすことは避けられない**のです。

あなたが意を決して業務改革に取り組もうとしても、遅々として進まないことは容易に想像できます。なくすべき無駄はほとんど無限に存在するのですから。そんな現実を前にして、「やっぱりうちの会社には無理なんだ」と諦めそうになるかもしれません。

ですが、この章でお伝えした3つの思考を伴った改善ならば、**着実に、働き方が変わっていきます。**

小さな改善を積み重ねた先には、高い生産性を発揮する組織が待っている。そう思えば、今このときから効率化に力を注ぎ込むのは、最も投資対効果の高い道だと言えるのではないでしょうか。

第2章

効率化の絶対ルール

それでは無駄を削減していこう

その「ルール」は誰がつくった？

「効率化したいと思ってはいるけど……」
「経営者ではない自分には何も変えられない」
「自分にできることなんてほとんどないだろう」

みなさんの中には、そんなふうに思っている方もいらっしゃるかもしれません。

たしかに、私自身は経営者の立場、しかも創業経営者という立場から、社内の効率化を実行してきました。最終決定権が自分にあるからこそ、素早く力強く効率化を推進できたのは事実です。

しかし、効率化の基本は「無駄をなくす」こと。これは経営者でなくてもできることです。大きな予算を動かす必要もありません。私たちの会社でも、社内のメンバーからのちょっとした声によって変化したことがたくさんあります。

この第2章では、そんな私たちの効率化の事例について、具体的にご紹介していきたいと思います。

そもそも、会社の中の無駄は、なぜ存在しているのでしょう？

どうしてわずらわしい事務手続きが残されたままになっているのでしょう？

なぜなら、**そこに「ルール」があるから**です。

例えば、この書類には課長、部長、専務、社長の印鑑が必要で、それぞれ順番に確認してもらった上で、押印してもらう必要がある。そんなルールが無数に存在しています。

そして、「これがルールだから」と、社内の誰もが渋々それを守っている。ルール違反をするわけにはいかないとみんなが思っているのです。

でも、考えてみてください。そのルールをつくったのは誰でしょう？

春の次に夏が来て、夏が終われば秋が来る、というような自然の法則と「ルール」は違います。

ルールとは人間がつくったもの。そうである以上、変えることができるはずです。

小さな改善で、飛躍的に効率化する

もちろん、始業時間や給与体系などのルールを変えるには経営判断が必要でしょう。誰にでも手を出せるルールではありません。

しかし、例えばチームミーティングの時間を変えたり、やり方を変えることだったら、現場レベルで今日からでもできるはずです。

「うちのチームでは紙の資料を禁止にしよう」
「企画書は1枚にまとめよう」
「情報共有ミーティングは朝の10分だけにしよう」

こういった小さなルールを変えるだけでも、積み重ねによって膨大な時間の節約になります。日常の業務は飛躍的に効率化していくでしょう。

みなさんは「無駄が見える目」を持っています。日常に潜む無駄をなくしたければ、まずはルールに着目してください。

そして、自分たちで変えていってください。

ルールは、単に守ることだけが大切なのではありません。現状にふさわしいのかを常にチェックし、ときに改善していくこともまた大切なのです。

問題だらけの「会議」のイマ

それでは、会社において改善するべきルールのポイントについて、具体的に見ていきましょう。

仕事の中で「無駄」を感じるのはいつですか？

そう聞いて、最も多く挙げられる答えが「会議」ではないでしょうか。

私は、会社の効率化を考えていく上で、まず始めに手を付けるべき部分が、この「会議」だと思っています。なぜなら、会議は小規模なものから無数に存在していて、最も手を付けやすい対象だから。それでいて、業務の効率化に大きな効果が期待できるからです。

一般的な会社における会議の問題点として、大きく次の3つが挙げられます。

- 時間コストが増える
- 作業負担が増える
- 目的意識に欠ける

一つ目の問題点は**「時間コストが増える」**こと。つまり、会議の「量」です。
新型コロナウイルス感染症の流行によって、オンライン会議が当たり前になりました。便利なシステムである一方、移動時間がなくなったことで、連続して会議を設定できるようになりました。そのため、会議の数がこれまでより増えてしまったという人も一部にはいるようです。

「すみません、先に抜けます！」と言って会議を「ハシゴ」する人。会議や打ち合わせでスケジュールがパンパンで、「毎日ランチを食べる暇もない」と嘆く人。自宅からの会議参加中、画面をオフにして別の仕事の「内職」をしている人……。

毎日のように、そんな「会議に追われる人」を見かけないでしょうか。会議の時間コストは増大する一方で、業務時間を大きく圧迫しています。

二つ目の問題点は**「作業負担が増える」**ことです。これは、会議の前後に発生する作業を指しています。

社内向けの資料でも事前に上司の確認が必要で、少しでも出来が悪ければ何度も修正しなくてはならない。「新人だから」「勉強になるから」と言って、すべての会議で議事録作成を指示されている……。

こんな状態では、たとえ会議の数が限られていても、業務時間をかなり圧迫されてしまいます。会議そのものの時間だけでなく、会議に付随する事前事後の業務増加も、見逃せない課題です。

三つ目の問題点は**「目的意識に欠ける」**こと。言わば、会議の「質」の低さです。せっかく集まったのに、既に周知されていた確認事項を改めて読み上げ、共有するばかり。開始30分後に「で、今日は何を話すんだっけ？」と言い出す人がいる。1時間も話したはずが、「持ち帰って検討しましょう」なんて結論になってしまう。意思決定のための時間が、単なる顔合わせで終わってしまった……。

そんな事態が頻発すれば、どんどん疲労感が蓄積されてしまいますよね。目的意識の欠如は、成果のない、無駄な会議を多数生んでいるボトルネックです。

現状の会議が抱えるこれら3つの問題点を解決できれば、会社における「無駄」を大幅に取り除き、効率化を促せるはずです。

会議は1回「15分」

まずは一つ目の問題点である**「時間コストが増える」**ことについて考えてみましょう。

仕事の関係で、会議の数が多い。これ自体は避けることができないものです。しかし、各会議の時間を減らすことはできる。会議の数が2倍に増えた分、会議の時間を半分以下にすればいいのです。とてもシンプルな発想でしょう。

一般的に、会議と言えば、30分から1時間程度の時間を取って設定されます。会社によっては、2時間半や半日といった長い時間の会議を行うことも少なくないようです。

1時間の会議が4つも5つも入っていたら、それだけで1日が終わってしまいます。

では、どうすればいいのか。

我々は、会議の時間を原則15分に設定しています。

「15分なんて短すぎる」と思われたでしょうか？

15分と言えば、サッカーのハーフタイムと同じ時間です。ハーフタイムは、45分の前半戦を戦った選手たちが問題点や反省点を共有し、監督からの指示に耳を傾けて、後半戦に向けて意思統一をする時間です。

最初から15分と設定されていれば、その範囲の中で十分にコミュニケーションを取ることは可能なのです。

会議も15分に設定していれば、ハーフタイム中の選手たちのように、無駄な話や説明を避け、15分で話を終わらせようと強く意識しながら話すのが当たり前になります。

一度、みなさんがいつも行っている1時間の会議を振り返ってみてください。

「最初の30分で議論は終わっていた。残りの30分は関係のない雑談をしていた」なんて経験がありませんか？

会議というのは1時間に設定すれば1時間かかり、15分に設定すれば15分で終わるものなのです。

もちろん、内容や目的によって、「15分」という時間設定を変えることは構いません。アジェンダによっては、どうしても長い時間がかかってしまう複雑な会議もあると思います。

ただし、どんなときでも、必ず「時間思考」で考えてください。「このテーマに本当に1時間もかかるのだろうか？」と疑ってほしいのです。

サッカーのハーフタイムは15分。

あるいは、NHKの朝ドラも15分。

15分という時間は、みなさんが思っている以上に長いものです。

「とりあえず1時間で」と設定したり、「結論が出るまで延長するのも仕方ない」と考えることは、安易に時間の浪費を生んでしまいます。そんな習慣は今すぐ手放しましょう。

喋らないなら出席しない

「この会議、発言しているのはほんの一部の人だけだな」

「こんなに人が集まる必要があるのだろうか？」

そう思わざるを得ない会議に遭遇したことが、みなさんも一度はあるのではないでしょうか？

「自分も会議ではほとんど発言していないな」と、心当たりのある人も多いでしょう。

このように、出席する必要がない会議に参加することも、会議に多大な時間コストを費やしてしまっている原因です。

なぜ、出席する必要のない参加者が増えてしまうのでしょうか？

例えば、「部下にも経験を積ませよう」「挨拶をしておいたほうがいい」といった理由で「一応出席しといて」と参加を促す人もいます。

あるいは、「なんとなく声をかけておいたほうが安心だから」と案件に深く関わっていない上司にも参加依頼を送っている人もいるかもしれません。

また、さほど重要でない案件にもかかわらず、「ちょっと話を聞きたいから、関係者みんなを集めて」と大勢の参加を指示する人もいると聞きます。

とくに、オンライン会議では、その手軽さ故に**「とりあえず出席」が増加している**ように思えます。そうして参加数が過剰になり、スケジュールが「会議」で埋め尽くされていくのです。

上司を「断る」カルチャー

それから、「定例会議」の存在にも言及したいと思います。

「毎週月曜日の14時から1時間は部署会議を行う」といったように、定期的な会議の時間が確保されている人は多いと思います。

たしかに、定例会議は日程調整をする手間なく、報告や進捗確認ができるので、忙しいメンバーが多いチームにとっては、有用な方法なのでしょう。

しかし、用件も決まらないうちから集まることだけを決めるのは、不要な人員増加を確実に招くことになります。

弊社では、社長である私との会議でも、**「自分が参加する意味はないので、欠席します」**と不参加を表明する社員をよく見かけます。その言い分に周囲も納得すれば、当たり前に不参加は認められます。

自己申告だけではありません。同じ案件の進捗会議に継続して参加していた同僚に対して、「〇〇さんは次回から出なくても大丈夫じゃないですか?」と指摘することもあります。

社長の私でも、「この会議には佐上さんはもう必要ないですよね」と言われた経験があります。その際は、「たしかにそうだね」と部下に任せて参加を取りやめました。

これは、常に**全員が「出席が必要かどうか」を真剣に考えている**からこそ生まれるやりとりです。

「会議を断るなんて失礼だ」

「上司に向かって『あなたは出席する必要がない』とは言えない」

そう考える気持ちはよくわかります。例えるなら、これはＬＩＮＥのグループから外れたり、誰かを退出させるようなもの。なんとなく気が引けるし、今後の関係性に悪影響が出そうな気がして、言いづらいものでしょう。

ですが、会議は仕事です。プライベートなＬＩＮＥと違い、「気持ち」で判断するべきではありません。

しかも、**断ること自体は、会社にとって歓迎されるべき「無駄の削減」**です。

欠席した人は、会議に出なかった時間を、より優先度の高い業務に充てることができる。そして、出席者側も、参加人数が少ないほうが議論をまとめやすく、会議を早く終わらせられるメリットがあります。

つまり、あなたの不参加は、あなた自身のためであるのはもちろん、他の出席者のためでもあるのです。

そして、「断る」カルチャーの浸透は、やがて組織全体の利益につながっていきます。

大切なのは、自分で要不要を考え、判断すること。不要を断る選択肢を持つことです。会議を「断る」ことは、あなたや会社にとって効率化を叶える有効な選択肢だということを覚えておいてください。

資料は「その場」でアップデート

なぜ会議が巨大な無駄を生んでいるのか。その要因の二つ目は、会議の前後で**「作業負担が増える」**ことにありました。

会議と言えば、社内会議であっても事前に綺麗なスライド資料をつくったり、終了後には議事録をまとめて出席者全員へメールで共有したりすることが一般的になっています。

たしかに、見やすい資料は参加者が理解を深めたり、会議をスムーズに進めたりする助けになるでしょう。議事録は、会議の内容や決定事項の備忘録になり、次回以降の会議の方向性を考える一助になると思います。

しかし、そこに過剰さがないと言い切れるでしょうか？

かっこよくビジュアル化したことによる効果と、それにかかった時間は見合ったものになっているでしょうか？

丁寧にまとめた議事録を読み返している人はどれだけいるでしょうか？

過度な準備や必要以上の議事録作成は、たちまち業務の非効率化につながってしまいます。

では、私たちはどうやって会議を進めているのか。私たちの会議のスタイルは次のようになっています。

まず、クラウド上のメモツールを使って、箇条書きでアジェンダを書いておきます。

参加者が集まったら、そのアジェンダを上から順にチェックしていきます。

例えば、新しい営業施策について、進捗確認の会議を開いたとします。そこで、「現在は7％の反響率です」と担当者が口頭で報告する。

それを受けて、責任者が「あと1週このまま継続しましょう」「じゃあこう変更しましょう」などと指示を出します。

それらの決定事項は、担当者がその場で直接ドキュメントに書き加えます。

新しいプロジェクトを立ち上げるような大きな案件であっても、すべてこのスタイルです。基本的に**2週間に一度、15分間だけ必要な人が集まって、進捗状況を確認**しています。その後の業務は、各々の担当者に任せられているのです。

リアルタイムで資料をアップデートすることのメリットは、事前事後の負担が最小限に抑えられることだけではありません。議論の内容が明確になり、会議を短時間で終わらせることにつながるのも大きなポイントです。

また、同一案件では継続して同じドキュメントを使っていくので、自動的にプロジェクトの経緯全体がまとまっていきます。

「会議は資料を用意しておくものだ」
「資料はビジュアル化したほうが良い」
「普通は若手が議事録を取るものだ」

これらはすべて、昔からの慣習に過ぎません。根拠薄弱な通例にとらわれるのは、もう、やめにしましょう。

もしあなたが数人のチームを束ねるマネージャーならば、「明日のチームミーティングでは資料はいらないよ」と言えば、資料づくりに充てていた部下の時間が節約されます。

いつも議事録を任されているのなら、次のオンライン会議で「このドキュメントに書き加えていっても構いませんか？」と画面を共有してみるのもいいかもしれません。

本当に必要な準備や振り返りは何なのか。もっと効率的なやり方はないか。最適な方法を考え続けてください。

まずは、あなたの会議から。効率的なスタイルの事例がひとつできれば、水面に波紋が広がるように、同じスタイルの会議が増えていくはずです。

「アイデア出し」で集まらない

会議が無駄を生む問題点の三つ目は、**「目的意識に欠ける」**ことにあります。

例えば、参加者がそれぞれ意見を出したのに、結局方向性を絞ることができず、「持ち帰って再度検討しましょう」と解散してしまう。

ブレストをして、「たくさんの意見が出て良かった」「チームのまとまりが良くなった」と満足したけれど、結局自分やチームが次に何をすべきなのかはわからない。

アジェンダが不明瞭なまま始まってしまい、「仕事に関係のない雑談ばかりだったな」と思いながら会議室をあとにする。

きっとみなさん、こんな経験をお持ちだと思います。

長い時間をかけたのに、何も決まっていない。前進していない。

そんな会議が続いたなら、「無駄な会議ばかりだ」と徒労感に襲われてしまいますよね。

当たり前のことを改めてお伝えしますが、会議には、出席者の人数分のコストがかかっています。

出席者が10人だった場合で考えてみましょう。

1時間の会議を行えば、1時間×10人＝10時間分の時間コストがかかっている。10人の給与を時給換算して、平均5000円の時給だとすると、5万円の経費コストがかかっているとも捉えられます。

さらに対面式の会議だった場合、そこに会議室分の不動産コストも発生します。

もちろん、人的労力というコストがかかっていることは言うまでもありません。

こうして考えると、**会議とはコストの固まり**です。つまり、それだけ高いコストに見合った価値（成果）を出せないのであれば、その会議はやらないほうが明らかに効率的だと言えます。

ですから、弊社では**アイデア出しや意思決定、ディスカッションを目的とした会議は一切行いません。**

なぜなら、10人集まってアイデアを出し合ったところで、一人ひとりから出てくるアイデアはさほど変わらないから。10人集まって議論したところで、結論が変わることはないからです。

例えば、「オフィスを増床するべきか?」という議題が目の前にあるとします。そのとき、増床したほうが得か損かは、会議室の稼働状況などのデータを見れば結論が出るものです。誰が見ても答えは変わりません。

むしろ、議論に参加する人数が増えて、「誰が最終決定権を持つか」「誰が責任を取るか」が不明瞭になれば、結論が出にくくなる可能性が高まります。

経営会議は一度もやったことがない

みなさんに驚かれますが、弊社では、いわゆる「経営会議」さえ過去一度も実施していません。経営方針や中長期計画などを決めるときでも、集まって議論する必要はないと判断しているからです。適宜、個別にチャットで相談したり、関係する社員に確認を取ったりしながら、社長である私が決断して、全社へ通達する形を取っています。

もちろん、私たちのスタイルは特殊なケースだと思います。すべての会議を否定するつもりはありません。弊社でも、各部門でのミーティングや上司との営業ロールプレイングは、日常的に行っています。

また、とくに社外の方々とのコミュニケーションにおいては、オフラインで顔を合わせたり、情報交換の場を持つことも、関係性の構築に大きく効果があると思っています。

ただし、**多くの会議に無駄が存在していることも、まぎれもない事実**です。無駄をなくし、生産性を向上していくことは、会社組織にとって重要な課題であることは疑いようもありません。

会議の時間、参加者、スタイル、議題について。いつも十分に考慮して、適切な時間の使い方を実践していくべきです。

「シェア文化」で最速成長

会社員のみなさん、とくに若手社員の方々が最も効率化したいと思っていること。

それは、自身の「成長」ではないでしょうか。

ひとつの会社に生涯勤め続けることが当たり前ではなくなった今、「この会社にいる間にSEとして必要な技術を身に付けたい」「より良い会社への転職も視野に入れて、早く力を付けたい」と考えている人は非常に多いと思います。

私たちが身を置くM&A業界は、財務・法務の知識や、営業力・調整能力などが身に付きます。その上、多くの経営者と対面し、深いレベルで対話する経験を積むことも可能です。

確実にハイレベルなビジネスパーソンへと成長できる業界である一方、「一人前になるには3年かかる」「未経験者の多くは1年程度で辞めてしまう」と言われる厳しい世界でもあります。

しかし、私たちM&A総合研究所では、入社1年半ほどで、全員が一人前に成長してくれていると感じます。

一般的には、未経験者が1年以内に成約するのは非常に難しいと言われる業界ですが、弊社では、未経験者のうち約70%程度が1年以内での成約を実現していますし、入社から1年で5件も成約を果たす人もいます。また、創業以来、離職率は10%程度の低い水準を維持しています（2023年9月期実績）。

なぜ、ここまで短期間で飛躍的な成長が叶っているのか？

その背景にあるのが「全体思考」です。とくに大きいのは、**手に入れたノウハウを、常に全社でシェアする文化**があることでしょう（詳細は189ページ）。情報やノウハウを囲い込まず、みんなで共有したほうが会社全体にとって効率的だという思考を全員が備えているからこそ、根付いた文化だと思います。

エースの行動を「誰でもできること」に分解する

しかし、情報共有だけで飛躍的な成長を果たせるわけではありません。

最も大切なのは、**「できる人」を徹底的に分析する**ことです。

どんな会社にも必ず「できる人」、エースと呼ばれるような存在がいるはずです。例えば営業でトップの成績を出す人や、次々にヒット作を開発する人、高度なプログラミングスキルで素早く課題を解決できる人。

そんな「できる人」の仕事ぶりを観察すると、独自の発想力があったり、天性の愛嬌やコミュニケーション能力があったり、「その人だからこそできている定性的な要素」が大きく影響しているように思えるかもしれません。俗に言う「才能」ですね。

ですが、**そこには必ず「誰にでも真似できる要素」があるはず**です。

例えば、毎月たくさんのビジネス書を読んでいたり、クリエイティブ系のワークショップに参加していたり、自主的に新しいプログラミング言語の習得時間をつくっていたり。

「誰にでも真似できる要素」は、成長への確実なメソッドです。

今、あなたの会社でエースとして活躍している人の中にも、「分析」と「真似」を徹底したという人がいるはず。成功している人の業務プロセスを丁寧に因数分解し、自分の中に取り入れていけば、必ず成長することができるのです。

最短ルートは「成功した人の真似」

「できる人」を分析する際に発揮してほしいのが、「数字思考」です。

「Aさんはたくさん本を読んでいる」

「Bさんはおもしろいワークショップに参加している」

では、曖昧すぎてメソッドとは言えません。

そうではなく、

「毎月マネジメント系の本を3冊、コミュニケーション系の本を3冊読んでいる」

「年に1回、広告系のワークショップに参加している」

などと数字を用いて明確に基準を設けてこそ、有用なメソッドになります。

茶道や武道などの世界には「守・破・離」という考え方があります。まずは先人の型を真似て（守）、その型を破って（破）、最終的に自分オリジナルの型をつくる（離）という考え方です。

仕事においても、新しいことに取り組むのなら、まず一旦「成功している人」の真似をするのがセオリーだと私は考えています。そこから、自分の強みや得意を活かし、オリジナリティーを追求していく。

その序列を守れる素直さ、真似を徹底できる貪欲さが、最も効率的な成長を可能にするのではないでしょうか。

「業務」と「作業」の決定的な違い

仮にあなたが業務用プリンタの営業職だったとしたら、あなたが社内で時間を割くべき仕事はなんだと思いますか？

まったく経験のない人でも、答えはすぐに思い浮かびますよね。そう、業務用プリンタの売り上げを上げるための営業活動です。

顧客情報を調べたり、自社のプリンタをアピールするプレゼンを考えたり、競合他社の製品との比較をしたりといった営業シミュレーションや、お客さまとのメールや電話でのやりとりなどの顧客対応。こうした活動が、営業職に求められる本質的な業務と言えるでしょう。

一方で、彼らが会社で行うのはそれだけではありません。例えば、備品購入の稟議書を作成したり、顧客名簿をつくったり、経費精算をしたりなど、実に多様なタスクがあります。それらは、営業という本来的な職務の遂行には寄与しないものです。

ここでは、そのような仕事を、本質的な「業務」と区別するために、「作業」と呼びたいと思います。

さて、みなさんは、そんな**「作業」にばかり追われていないでしょうか？**

限られた時間の中で、本質的な「業務」に関係のない「作業」にかかる時間が膨れ上がると、当然、仕事のクオリティが下がります。徒労感が増して、モチベーションが下がったり、仕事に対するやりがいが感じられなくなったりするかもしれません。

つまり、「作業」が「業務」を圧迫することは、生産性を著しく低下させることを意味するのです。

では、どうすれば「作業」を減らせるのか。答えは簡単で、「デジタル化」すれば良いのです。

「作業」のほとんどは、あなた以外にもできます。

そして、コンピュータは、人間よりもずっと「作業」が得意です。ヒューマンエラーを起こすことはなく、人の何倍ものスピードで「作業」を完了してくれます。

移動を自動車に任せるように、記録をレコーダーに任せるように、「作業」はコンピュータに任せればいいのです。

実際、私たちの会社は「作業」のほとんどをデジタル化することによって、従来のM&A業界における工数の大部分を削減できています。

ここからは、M&A業務の流れに沿って、そんな弊社の「作業」のデジタル化について詳しくお話ししていきましょう。

ほしい情報を瞬時にピックアップ

私たちが取り組んでいるM&Aの仲介業務とは、売却したい企業と、買収したい企業をマッチングし、手続き全体をサポートすることです。この仲介業務は、大きく「ソーシング」「マッチング」「エグゼキューション」という3つのフェーズに分けられます。

第一の段階「ソーシング」とは、譲渡企業(売り手)や譲受企業(買い手)を見つける段階を指します。「こんな企業に事業を売りたい」という要望を受けて、買収してくれそうな企業を探したり、逆に「こんな事業を行っている会社を買いたい」といった要望を受けて、売却意思のある企業を探すこともあります。

様々なお客さまのニーズに応えるため、広範囲にわたる情報を収集しておく必要があるのですが、M&Aの意思はトップシークレット。企業ホームページを見ても、プレスリリースを見ても、どこにも書かれていません。表に出ることのない潜在的なニーズをすくい上げて、情報収集していく必要があります。

従来のM&A仲介会社は、その情報を人の手で、手探りで探していました。そのため、多くの時間と手間がかかっていたのです。

一方、私たちは、このソーシング段階をより効率化できると考え、**大部分をデジタル化しています**。膨大な企業情報をデータベース化し、希望の条件からピックアップできる仕組みを整えているのです。検索の条件は、事業内容や所在地域、経営者様のご年代、売り上げ規模、株主構成、従業員数など、非常に細かく選択できます。

これは、就職活動の求人サイトを想像していただくとわかりやすいかもしれません。「こんな業界・業種で、給与はこれくらいで、休日は○日以上で……」と希望条件を選択すれば、パッと企業情報を絞り込むことができますよね。

それと同様に、弊社のソーシングシステムも、アドバイザー（M&Aで顧客対応に当たる社員をそう呼びます）が希望の条件を入力すると、瞬時に企業情報がピックアップできる仕組みになっているのです。

もしも希望に合う企業が少なかった場合でも、各企業に付けているタグをたどっていくことで、簡単に関連企業を閲覧できます。これはブログで関連記事を読んでいく機能のような形ですね。

毎月「ほんのわずか」な作業

候補先企業をリストアップできたら、実際にアプローチをかけていきます。簡単に言えば、「M&Aにご興味はありませんか？」と伺っていくのです。

M&A業界では基本的には手紙による接触が主流です。候補先企業の情報を一社一社エクセルに落として、お手紙を準備し、宛名を印刷。封筒に入れて、手紙を郵送する。これが従来のアプローチプロセスでした。

アプローチ自体は営業に欠かせない「業務」ですが、手紙の封入などは、明らかに「作業」だと言えます。アドバイザーは、こうした「作業」にかなりの時間を取られていました。そのせいで、お客さまと向き合う時間が削られたり、案件の進行がスムーズに行かなかったりといった問題があったのです。

弊社では、このアプローチについてもデジタル化しています。アドバイザーが精査してリストアップした企業に対して、本来は手作業で手紙を発送するところ、ワンクリックで発送できる機能があります。そのコマンドを受けて、自動で手紙と宛名が印刷され、専任のスタッフが手紙を発送してくれるフローになっているのです。

入社3年目のとあるアドバイザーは、毎月初旬に少しの時間を確保して、このアプローチ作業を済ませています。そこからメールや電話でのやりとりを重ね、毎月多くのアポイントメントを獲得しています。

つまり、弊社における新規顧客のソーシング・アプローチ業務は**毎月初旬のほんの**

わずかな時間で十分なのです。これまで人が手作業でやっていた作業をDX化することで、お客さまと向き合う時間を増やし、サービスの質を向上させることにもつながりました。従来のやり方で同等数の新規アポイントメントを取ろうと思えば、かかる時間や作業量は10倍以上になるのではないでしょうか。

ソーシングやアプローチに関する効率化は、私たちのM&A業務に特化した仕組みです。

しかし、情報収集や情報整理を自動化することは、どんな企業にとっても可能ですし、有力な効率化策になるはずです。あるいは、場所やデバイスを問わず印刷やスキャンができる環境を提供してくれるクラウドアプリケーションなどもあります。

技術の革新や、様々な企業の努力によって、実現できる「デジタル化」の範囲はどんどん拡大しています。

今、あなたがやっている「作業」も、実は簡単にデジタル化できるかもしれない。「うちにはできない」「自分の業務には合わない」と一蹴せずに、あなたの業務に必要なデジタル化の方法を模索してみてください。

弱点を克服するＡＩシステム

Ｍ＆Ａ業務の第二段階は、「マッチング」です。マッチングとは、その名の通り、事業（企業）を売りたい企業と、買いたい企業を結び付ける段階を指します。譲渡企業・譲受企業双方にとってメリットの大きいマッチングでなければ、Ｍ＆Ａは成立しません。ですから、企業の事業内容や事業規模、相手企業へのご要望などを丁寧にヒアリングして、フィットする企業を探していきます。

１００社あれば１００通りのマッチングがあるのがＭ＆Ａです。過去のＭ＆Ａ事例を参考にしたり、同業他社や取引先などの関連会社を対象にサーチしていくのが定番ですが、セオリーに則って考えるだけでは、なかなかお相手が見つからないこともあります。

それに、M&Aが上手く成立したとしても、企業文化や社風に大きな隔たりがあったりして、その先でつまずく可能性も考えられます。

そのため、アドバイザーは企業情報に記載されていることだけでなく、自分の経験や感覚も総動員して、「この企業は、こんな企業と合うかもしれない」と候補先企業をリストアップしていました。

つまり、このマッチングフェーズは、**非常に属人性が高い、勘や感性、経験重視のステップ**だったのです。

また、実に多くの情報を突き合わせることになりますから、かなりの時間がかかっていました。どんなに多く見積もっても、1社に対してリストアップできる企業は、100社ほどが限界だったと思います。

もちろん、アドバイザーの目に留まらなければリストアップされることはありません。相性100%の企業がリストから漏れる可能性もゼロではなかったでしょう。

このように、「属人性の高さ」「時間コストの高さ」「量の限界」「抜け漏れの可能性」

AIが候補企業を提案（内容はダミーです）

株式会社○△にマッチする企業

マッチした件数　150

選択した企業をリストに追加

選択	スコア	会社名	買収回数	売上	利益
□	3.7	株式会社○○	10	1,000,000	100,000
□	3.6	株式会社□□	7	700,000	70,000
□	3.6	株式会社□○	5	500,000	50,000
□	3.5	株式会社△○	3	300,000	30,000

などが、従来のマッチング業務の大きな弱点でした。

そうした弱点を克服するために、私たちＭ＆Ａ総合研究所では、マッチングフェーズにＡＩを導入しています。

ＡＩは、１００万社以上の膨大な企業データの中から、たった数秒で条件に合う会社を数百社程度リストアップします（上図）。そのＡＩが選んだリストをアドバイザーが精査して、１００件程度にまで候補先企業を絞り込んでいきます。

決して、ＡＩにすべてを任せることはしません。ＡＩによる素早く確実な処理と、人による丁寧な判断とアイデアを組み合わせることで、よりスピーディーに質の高い提案をすることが、AI導入の目的だからです。

私たちは、そんなAIと人とのハイブリッドな方法でマッチングのフェーズを進めています。

「常識を超えたアイデア」を出す

AIマッチングによるメリットは、大きく2つあります。

ひとつは、**速度**です。AIは膨大な情報を短時間で処理できるため、これまでよりもはるかに短時間で、マッチング率の高い相手企業を見つけ出せるようになっています。

従来の人力に頼った方法では、マッチングが叶うまでに2～3ヶ月かかることも当たり前でした。

一方、弊社でのマッチングの最速記録は、わずか「86分」です。電子部品や制御機器の製造・卸売を手掛ける企業が、ＯＡ機器の販売を行う企業を買収した際のマッチングで、マッチング後まもなく成約に至りました。

さらに、もうひとつのメリットとして、**固定観念にとらわれない自由なマッチングが生まれること**があります。

メディア事業を展開するＩＴ企業が譲渡先を探していたときのことです。人力のマッチングであれば、ＩＴ企業やメディア関連企業から候補企業がリストアップされるでしょう。間違っても食品メーカーや不動産会社などをサーチすることはありません。

しかし、ＡＩが提案し、最終的にマッチングしたのは、博物館を運営する会社でした。その博物館運営会社は、現在、ホテル事業も手掛けられており、その集客には、買収したＩＴ企業の技術が一役買っているそうです。

このように、私たちが想像もしていなかった意外なマッチングが、大きなシナジーを発揮することもあります。

将棋の指し手もそうですが、ＡＩはセオリーや常識の枠にとらわれることはありません。入力された条件と、これまでの実績、それに基づく学習結果を指針として、最適な候補を提案する。だから、これまでになかった異業種間のマッチングも数多く実現するのです。

ＡＩと聞くと、「なんとなく怖い」「難しくて自分には扱えない」などの印象が先行する人も多いかもしれません。

ですが私は、**ＡＩの本質とは「人間の苦手の補塡」**だと思っています。

例えば、手計算していた時代から、そろばんが誕生して計算が速くなり、電卓が発明されて、さらに速度が上がりミスも減った。そして今では、エクセルの関数を使えば、大量の計算がミスなく瞬時に行える。

ＡＩも、そろばんや電卓、エクセルなどと同じ「ツール」です。使い方を学びさえすれば、私たちに大きな進歩をもたらしてくれるものだと考えています。

重大書類のミスをなくす

M&A業務の最終段階は「エグゼキューション」です。エグゼキューションとは、最終的な契約を結ぶ段階のこと。双方の合意を得たあとに、M&Aをまとめあげるフェーズですから、トラブルなく確実に処理していく必要があります。

一方で、法規やルールに沿って進めなくてはならないので専門性が高い上、大量の手続きが発生する煩雑な段階でもあります。

私自身、売主の立場でM&Aを経験したことがあるのですが、その際にエグゼキューション段階の重要性を痛感する出来事がありました。

税理士の書類作成が遅れ、**10億円近い契約が1ヶ月も遅延してしまった**のです。

基本合意が成立したあとでしたから、私はすでに売却完了後のスケジュールを見越して次の事業プランを動かしていました。それなのに、話が一旦宙に浮いてしまう形になり、計画は総崩れ。「本当に売却が完了するのか」「いつになるのだろう」と気が気ではありませんでした。

一人のわずかな作業の漏れや書類の不備が、大きな進捗停滞やトラブルを引き起こす可能性もあるのがM＆A。双方の企業に勤める従業員の方々など、それによって影響が及ぶ人も大勢います。

つまり、エグゼキューションは**ただの書類業務ではなく、非常に責任重大で、骨の折れる業務**なのです。

私たちは、このエグゼキューションの段階にも、可能な限りのデジタル化・自動化を取り入れています。

例えば、ひとつの書類の日付を修正したら、自動で付随するすべての書類の日付欄がアップデートされる機能があります。それから、関連するすべての書類間でデータの齟齬がないかを自動でチェックする機能もあります。

こうした細かなシステムにより、漏れや抜け、エラーや不備といったミスを回避しつつ、書類作成にかける労力を削減しています。

「ボタン一つ」で稟議完了

書類にまつわるタスクにおいて、多くの時間を取られるのは、「作成」だけではありません。

そう、稟議です。重要な契約書類は、社内の稟議（承認プロセス）を通さなくてはならないものがほとんどです。みなさんの中にも、「稟議申請が一番時間がかかるんだよな」と共感してくださる方が多いのではないでしょうか。

日本は稟議の多い国です。例えばひとつ広告を出すのにも、主任、課長、部長、経理担当者、経理部長、などと何人もの許可が必要になる。どんなに少額な案件であっても、たくさんの承認プロセスを踏まなければならないという企業がほとんどです。

稟議申請は画面上で完結

しかも、承認の順番が決まっていたりすると、「今週は課長が出張でいないから」と進捗が滞り、社内稟議を通すのに何週間も時間を要してしまった、なんてことも頻発します。

我々は、**稟議申請も積極的にデジタル化しています**（上図）。

まず、依頼者が目を通してほしい相手を選択し、稟議申請をすると、承認者のチャットに稟議承認依頼の通知が届きます。

承認者は、通知から社内システム内の承認ページにアクセスし、一覧にまとまった稟議申請を確認する。そのリスト上で「承認」ボタンを押す。これで稟議の承認が完了します。

そして依頼者には、承認が完了したことが

自動で通知されます。

承認が済んでいない場合の自動リマインド機能もあるため、「あ、あの承認が漏れていた！」といううっかりミスが起こることもありません。

みなさん、お気づきでしょうか？

弊社では、稟議申請をする間、依頼者側も承認者側も、自分のデバイスの前から動くことはありません。直接言葉を交わすこともない。稟議書を書いて、それを印刷して、その書類を持って、印鑑をもらいに部長のデスクまで行き、部長に声をかけて……。そんな**物理的なプロセスは一切必要ない**のです。

ですから、誰かが出張に出ていたり、リモートワークをしていたとしても、スムーズに承認が進められます。デジタルの力で、簡単でスピーディーに進められる仕組みになっているのです。

こうしたシステムを導入せずとも、書類にまつわる業務を効率化する方法はたくさんあります。

もしも、企画稟議書をメールで提出し、オンライン上で確認するのが当たり前になったら。経費申請書類を印刷して経理部に提出しに行っていたけれど、メールにＰＤＦを添付して提出できるようになったら。

みなさんの業務時間はどれほど短縮されるでしょうか？

稟議申請や書類業務は、社内に無数に存在しています。ひとつのプロセスにかかる時間を少しでも短縮できたなら、それは業務時間全体における大幅なコストカットにつながるはずです。

過剰な報告義務を撤廃しよう

ここまで、「会議」や「作業」の効率化を考えてきましたが、他にも、私が他社の取り組みを見ていて、「もっと効率化できるのではないか」と強く感じる業務があります。

それは、**「報告」の業務**です。

例えば、研修やイベントに参加したとき、上司から「報告書にまとめておいて」と言われたことはないでしょうか？

誰がいつ、その報告書を読むのかもわからず、もちろんフィードバックをもらえることもない。「あの報告書を書いた時間は何だったんだろう？」と思った経験がある人もいるかもしれません。

あるいは、営業職の人で、毎日「お客さんと電話やアポイントメントで何を話したか」「お客さんのリアクションはどうだったか」などを詳細に日報に記入している人もいると思います。

時間をかけて丁寧に書いた情報は、しっかり活用されていますか？

いくつものアポイントメントが重なったときに、「日報の入力に時間が取られてしまうな……」と感じたことはないでしょうか？

業務の進捗を報告したり、顧客の情報を共有することは、とても重要なミッションです。

しかし、**トゥーマッチな情報を報告する必要はありません**。誰も見ない、活用されない情報の「報告」に時間を割くのは、明らかにもったいないことだと思います。

弊社にも日報の仕組みがありますが、一般的なフォーマットに比べると非常に簡潔です。

訪問先の企業名、事業種別、面談種別は選択制。パッと選ぶだけで済みます。唯一の自由記述欄には、現在の商談フェーズや、その日の決定事項など、報告が必要だと思う点のみを2〜3行で書き込んでもらっています。

さらに、この日報のデータは自社の業務管理システムと連携しています。そのため、日報から自動でデータを吸い上げて、各社員の行動データを算出することができる仕組みになっています。例えば、成約数をアポイントメント数で割ることで、成約率がわかります。

つまり、社員が日々日報を入力するだけで、行動実績データが蓄積され、業務管理・業績管理ができるようになっているのです。

誰だって、報告の重要性は十分理解しています。

新人社員なら、自分一人の判断で業務を進める不安もあるはずです。上司に逐次状況を報告しておけば、何かあったときにもすぐに相談できて安心でしょう。

ですが、**過剰な報告業務は、時間的負担を生んでしまいます。**

それだけでなく、

「監視されているようで息苦しい」

「信用されていないように思える」

といった、会社や上司への不信感を生むことにもつながりかねません。

報告するのは、実際に活用する情報だけでいいのです。会社にも従業員にとってもＷｉｎ－Ｗｉｎとなる合理的な仕組みを整えるべきだと思います。

「再現不可能な域」に達したシステム

なぜ、我々が「作業」や「報告」をこんなにも効率化できているのかと言えば、それはすべて、自社開発したシステムのおかげです。

ここでは弊社のシステムについて、もう少し詳しくお話しさせてください。

私たちM&A総合研究所では、すべてのシステムを自社で開発しています。創業当時から強いこだわりを持って、自社開発に取り組んできました。

一般的な企業では、パッケージングされた業務管理システムを導入している場合が多いと思います。有用な商品はたくさんありますが、そうした既存の業務管理システムでは、システム側に自分たちの業務を合わせる必要があります。

例えば、自社独自の業務には対応できないために、一部で手作業での業務管理が必要になってしまう。あるいは、生産管理システムはA社のものを、営業支援システムはB社のものを、とバラバラに採用しているために、システム同士の連携が上手くいかなかったり、データの統合ができないことがある。

一方、自社でシステムを開発した場合、自分たちの業務に合わせてシステムをつくることができます。

例えば、M&A業務に必要な書類を作成したり、比較検討するために顧客企業のデータを分類したりすることもワンクリックで可能になっています。

つまり、M&A業務に特化した、私たちが使いやすい自社専用のシステムになっているのです。内部には高難度なロジックが随所にちりばめられており、すでに汎用システムでは再現不可能な域のレベルに達していると思っています。

「ビッグデータがすごい」は過去の話

このシステム開発において私たちが最も重要視していることは、**「無駄な情報は蓄積しない」**ということです。

過去に、IT業界で「ビッグデータ」というトレンドがありました。人間では全体を把握することが困難なほど巨大なデータ群のことです。その活用によって、あらゆる産業や生活領域で新たなソリューションが創出されることが期待されていました。

ところが、個人情報やプライバシーの侵害に注意が必要であることや、分析の精度面などで問題点が指摘されたことで、今ではすっかり時代遅れとされるトピックスになりました。

それにもかかわらず、日本では、現在でもたくさんの情報をできるだけ収集して蓄積するのが良いと考える人が多いようです。

「とりあえずその情報も保管しておこう」

「もしかしたら使うかもしれないから、一応閲覧できる仕様にしておこう」

そんなふうに、とにかく捨てられないのです。

「もったいない」や「大は小を兼ねる」などの言葉があるように、「減る」のを過剰に惜しんでしまう感覚は、日本人の特性なのかもしれません。

しかし、**仕事においては、不要なデータは目をくらませるだけ**です。余計なデータが膨れ上がれば、本当に必要なデータが埋もれてしまいます。データが膨大になればなるほど、情報の取捨選択も難しくなるでしょう。

扱うのはスモールデータで構わない。価値のあるデータを収集して、余すことなく活用する。使いやすいシステムでロジカルに処理していく。

業務システムにおいては、それが何よりも大切です。

弊社のように、システムを内製化すれば大きなメリットがあるのは事実ですが、多くの企業にとっては難しいことだと思います。ですから、「どの企業でも内製化すべきだ」と言うつもりはありません。

ただし、市販のパッケージシステムを利用する際には必ず「自社にとって意味のある仕組みなのか？」「必要なデータに絞られているか？」「実務に沿った使いやすさがあるか？」といった点に十分注意を払うことが大切だと思います。

システム改修は1000回超

弊社のシステムへのこだわりは、「自社開発」という点だけではありません。我々の業務システムは、創業5年で、実に1000回以上のアップデートを行っています。使用しながら、細かい改善を積み重ねてきたことも、ここまで実務にジャストフィットし、ハイレベルな効率化を実現できるシステムになっている大きな要因です。

システム改善の依頼は、全社員が自由にできるようになっています。依頼はどんなに小さなことでも構いません。

例えば、「稟議システムの申請書確認ページにある右下のボタンを、クリックしやすいよう右上に移動させてほしい」という改善依頼が、該当ページのスクリーンショットとともに投稿されます。すると、それを受けて社内のエンジニアが、1日、2日で実装してくれるのです。

過去には入社1日目の中途採用社員が、「これはこうしたほうが効率的じゃないですか？」と自身の経験をもとに申告してくれた例もあります。

システムの使い勝手を最もよくわかっているのは、実際に毎日使っている現場の社員たちです。彼らがその場で感じた違和感や改善策が、一番リアルで有益です。

そうした声を拾い続けて、素早く対応する体制を整えてきたからこそ、ここまで業務にフィットした、使いやすいシステムが実現しているのだと思っています。

「これは無駄だ」と声を上げよう

これは、システムだけでなく会社のルールや仕事のやり方についても共通している方針です。

弊社の社員たちは、不満や不便、無駄を見つけたら、

「それって無駄じゃないですか？」

「こうしたらもっと効率的だと思います」

とすぐに声を上げます。先述した「会議を断る」姿勢も、そのひとつですね。

自分が無駄だと思うことは、周りの人にとっての無駄も生み出しています。

つまり、誰かが**「これは無駄だ」と声を上げることは、全体の効率化に寄与する大切なアクション**なのです。

「でも、不満を言ったら生意気だと思われる」
「言ったところで、どうせ聞いてはくれないし」

普通はそう尻込みするでしょう。「出る杭は打たれる」ということわざもある通り、日本に、何か新しいことに取り組む人を忌避する文化があるのは事実です。あらゆる職場で、新しい意見や変化を望まない人がいるのも承知しています。

ですが、変化は**「論より証拠」**ではないでしょうか。実際にやってみて、自分自身で「効率的だ」「こっちのほうがいいかもしれない」と実感したならば、きっと誰もがあなたの声に感謝するはずです。

長年同じ仕事を続けていると、不便なことや、非効率なやり方にもいつの間にか慣れてしまうものです。だんだんと無駄が見えなくなる。

今、あなたが職場の無駄、業務の無駄が見えているのなら、それは会社を変えるための大切なサインです。

「こうしたらもっと効率的ではないでしょうか？」と、ぜひあなたの意見を進言してください。

周りの人が声を上げたときには、しっかり歓迎し、一緒に検討してください。

提案を活性化させ、会社を変革させる土台をつくっていきましょう。

第3章

精鋭たちのコミュニケーション術

「感情」は効率化できない

「合理的＝冷たい」？

ここまで、弊社での具体的な事例をご紹介しながら、組織で効率化を進める重要性をお伝えしてきました。

効率化によるメリットは理解できた。その一方で、こんな疑念をお持ちの方もいるかもしれません。

「そんな組織はちょっと息苦しいのでは……？」
「自分はもっとリラックスした環境で、のびのびと働きたい」

たしかに、効率を最重要視する組織と聞くと、人間を機械と見なすようなイメージを持たれるかもしれません。休む暇も与えず、ギリギリまで仕事を詰め込んで、心が擦り切れてしまうまで働かせるのではないかと。

しかし、効率化とは、決して感情面を無視することではありません。**合理性だけではビジネスは拡大できない。数字だけを追い求めても経営は上手くいかない。**これは効率化の大前提です。

「学校」と「学習塾」の違いを考えてみてください。

試験で高得点を取り、難関大学に合格することが目的だとした場合、学校は実に無駄が多いところです。ホームルームや体育祭、部活動、あるいは一般的に受験科目ではない家庭科や美術の授業など、試験に関係のない時間がたくさん存在します。

それに比べて、ホームルームも行事も一切なく、受験に必要な勉強だけに集中できる学習塾は、非常に効率的な教育施設だと言えます。

では、受験に対して効率的な分、学習塾はギスギスした息苦しい空気感なのでしょうか？　冷たい人間関係しかない場所なのでしょうか？

そんなことはありません。むしろ、学習塾のほうが先輩後輩の上下関係もなく仲の良い関係を築けたり、先生との距離が近くて楽しく勉強できることもある。「塾のほうが好き」「塾は楽しかった」という人もたくさんいます。

他の会社と、私たちの会社の違いも、学校と学習塾の違いのようなものです。効率的に成果を上げることに注力しているからといって、冷酷無情な組織ではありません。

会社組織は人の集合体であり、ビジネスは人間同士のやりとりで成り立っています。だからこそ、会社の生産性を高めるには、人と人とのコミュニケーションが良好であることは絶対条件と言えます。

この章では、そんな人間同士のコミュニケーションにフォーカスしながら、「合理性」と「感情面」のバランスについて考えていきたいと思います。

成績トップの人に共通する「ホスピタリティ」

仕事が「できる人」とはどんな人か。

そう聞かれたら、みなさんはどう答えますか？

営業成績がトップの人、判断が速くて行動力がある人、効率的で無駄なく働く人、レスポンスが速い人、事業を成功させた人。様々な説明が思い浮かぶでしょう。

どれも間違いではないと思いますが、私は、**仕事ができる人とは「ホスピタリティのある人」**だと思っています。ホスピタリティとは、気遣いができること。相手の立場に立って考えられる力のことを意味します。


あなたが今、家電メーカーで開発を担当しているとしましょう。すでに数多くの優秀な家電が市場に出回る中で、新しく売れる商品を生み出さなくてはなりません。

そのためには何が必要か？

それは、**「消費者の需要を掴むこと」**です。

例えば、従来品よりも5ミリ薄いテレビの開発に成功したとします。技術的な課題をいくつも乗り越え、ようやく完成した新商品です。

しかし、「5ミリ薄いテレビ」に価値を感じるのは開発者だけではないでしょうか。消費者は価格、デザイン、使いやすさなど、別のところに価値を見出しているかもしれません。あるいは、そもそもテレビ自体、別に求めていないのかもしれません。

これは、商品開発以外の職種にも通ずる大切な観点です。

どんな職種でも、良い結果を出すためには「顧客の立場に立って考えること」、言い換えれば、顧客へのホスピタリティがあることが肝心です。

このことは、誰もがよく理解している真理でしょう。

「相手の立場に立つ」は最高の効率化

ただし、ここで発揮するべきホスピタリティは、「対顧客」に限った話ではありません。同僚や部下など、**社内の人間に対してもホスピタリティのある接し方ができる人。**それが、一流のビジネスパーソンなのです。

なぜなら、ホスピタリティなき対応をすれば、社内でのコミュニケーションコストが増大するからです。

部下は気軽に質問したり相談したりすることもできませんし、少し資料をチェックしてもらうのにも「機嫌が良いときに言おう……」とためらって、タイムロスが生まれるかもしれない。理不尽な叱責を隣で聞いているだけの社員も、ストレスを感じるかもしれません。

つまり、横暴な振る舞いは、組織（チーム）全体のパフォーマンスを落としてしまうのです。会社にとって、何のメリットもありません。

だから、いくら個人で売り上げを上げていたとしても、ヒット商品を開発していたとしても、顧客に対して素晴らしい配慮があったとしても、社内の人間に対してホスピタリティのない人は、仕事が「できる人」とは言えないのです。


「お客さまの立場だったら、どんなサポートがほしいだろう?」

「部下の立場だったら、どんなコミュニケーションがうれしいだろう?」

「同僚の立場だったら、どんなやりとりがあれば気持ちよく助け合えるだろう?」


そんなふうにホスピタリティを持って仕事に臨んでこそ、成績が伸び、チームも輝くようになり、組織全体の空気も良くなります。それは、スキルを磨いたり、資格を取得したりする以上の効果を生むでしょう。

社内のコミュニケーションコストを増大させない。効率化とホスピタリティの精神は、この一点で結び付くのです。

言葉が響く上司、響かない上司

顧客だけでなく、社内においてもホスピタリティを持ったコミュニケーションを図る。理屈としては納得できるものの、具体的にどう接していけばいいいか、判断に迷うところかもしれません。

例えば、上司に気を遣いすぎて相談するタイミングを失してしまう。あるいは、部下を気遣うあまり、遠回しなアドバイスしかできなくなる。リーダーの意思を尊重するあまり、会議で何も発言しなくなる。

不慣れな人がホスピタリティを意識しすぎると、しばしばこうしたコミュニケーションロスが発生してしまいます。

しかし、共通の目標に向かって仕事をする仲間なのですから、言うべきことはしっかりと言わなければなりません。

そこで大切になるのが「数字」です。

つまり、「伝え方」の面では十分にホスピタリティを発揮し、「伝える内容」においては数字を交えてはっきり伝えていくのが重要です。

具体的に言いましょう。

例えば「最近、成績が伸び悩んでいるじゃないか！」と叱責するのがNGなのは当然として、「最近、新規契約が伸び悩んでいるようだけど、相談に乗ろうか？」と優しく声をかけるのも、あまりおすすめできません。

部下からすれば、そう言われても何を相談すればいいのかわからない、というのが本音でしょう。むしろ余計に落ち込ませたり、プレッシャーを感じさせたりする可能性もあります。

そうではなく、

「前年比で見ると、法人契約はマイナス16％だけど、個人契約はマイナス3％で踏みとどまっている。これから3ヶ月は個人契約にフォーカスして営業をかけていくのはどうでしょう？」

というように、数字を交えたコミュニケーションを取るのです。

数字はシンプルを極めたファクトです。情緒的で、主観的で、誤解や誤読の多い日本語と違い、客観的な事実を示す共通言語ですから、たとえ言葉の通じない外国人とのやりとりでさえ、数字でのコミュニケーションには齟齬が発生しません。

また、**数字を示されると、「納得感」が違います。**

「もっと頑張れ」とか「ここが踏ん張りどころだ」といったアドバイスは、内容が曖昧なのはもちろんのこと、結局「誰が言うか」で受け止め方が変わってしまうものです。尊敬する上司が言う「頑張れ」と、大嫌いな上司の言う「頑張れ」は、響き方がまったく違ってくるでしょう。

その点、数字を示されると納得ができる。それが誰のアドバイスであったとしても、客観的なデータをもとに語っているのですから、ちゃんと納得できるし、改善策も見つけやすくなるのです。

「数字」で語る前に「感情」で伝える

一方、数字ベースで伝えられることに、「冷たい」「圧が強い」と感じる方もいるかもしれません。とくに部下の立場で、自分の成績について上司と話している場面においては、淡々と自分の状況を指摘されるようで「理詰めで怖い」と感じられることもあると聞きます。

そのような思いをされないよう私たちが気をつけているのは、「そもそもなぜ数字で語ることが大事なのか」を説明することです。

なぜ数字で語るのか。それは先ほども話した通り、数字はシンプルなファクトであり誤解がないから。また、客観的で改善策が見つけやすく、納得してもらいやすいからです。

そして何よりも伝えなければならないのは、「この話をすることであなたに成長してほしいんだ」という、相手への配慮です。**相手のことを考えているからこそ、伝わるように数字で話したい、という気持ちを共有する**のです。

まずは、「あなたにもっと良くなってほしい」という思いを感情ベースで丁寧に伝える。そして、そのための手段として、数字を用いてロジカルに伝える。

この順序を大切にすれば、数字で語ることをむやみに怖がられることはなくなるはずです。

さらに、語った「数字」の内容に耳を傾け、納得してもらえれば、いずれは数字で語ることの良さも社内に浸透していくでしょう。

「ロジカルな理詰め」「淡々と冷たい」話し方をしても、メリットはありません。嫌な上司だと思われるだけです。

ホスピタリティとは、うわべの優しさを装うだけではなく、「何を、どう伝えるか」まで考えてこそ実を結ぶのです。

フラットな組織は「リスペクト」から生まれる

年功序列、上意下達。

日本では、まだまだそんな組織体系が一般的です。

一方で、弊社では25歳のマネージャーが30歳の中途採用者の上司になることも、よくあります。社長の私に対して「これって無駄じゃないですか？」と進言してくれる人もたくさんいます。

こうした光景は珍しいようで、社外の方々から「どうしてそんなにフラットな関係を築けるんですか？」と質問を受けることがよくあります。中には、「それって内心、嫌なのでは？」「トラブルにならないんですか？」なんて心配の声も聞こえます。

なぜ、ここまでフラットな関係性が成り立っているのか？

その理由としては、これまでにもお話ししてきた通り、社員みんなが合理性を大切にする考えを持っていることや、「全体思考」があることが挙げられます。

そして、もうひとつ大切な要素だと思うのが、「互いの仕事に対してリスペクトがあること」です。

弊社では、**職種は上下関係や地位を示すものではなく、ポジション（役割）を示すもの**だと考えています。野球やサッカーにポジション（守備位置）があるように、会社組織にもポジションがある。そう認識しています。

例えば、私は「社長」ですから、一般的には、会社の誰よりも「偉い」「高い地位」を持つ人間です。

でも、私には「エンジニアより偉い」「人事より立派だ」「営業の人たちの上に立っている」といった考えはまったくありません。社長は職種のひとつでしかないからです。会社の進む方向を決めたり、従業員の働く環境を整備したりすることで「社長」というポジションの役割を果たしている、という感覚なのです。

会社は、すべての職種がうまく噛み合うことで成立します。だからこそ、それぞれのポジションで役割を果たしている人たちを、リスペクトするべきだと考えています。

これは、もともと私が持っていた考え方で、それが次第に全社へと浸透していったのだと思っています。

全部「自分でやった」から、大変さがわかる

私がこうした考えに至った背景には、自分自身の職務経験があります。

ウェブデザイナーとして一人で仕事を受け始め、会社員になり、起業し、事業を売却して、今のM&A総合研究所を創業。振り返れば、一人（もしくは少人数）で仕事に取り組んだ時期が長かったため、文字通り「なんでも」やる必要がありました。

最初の事業を設立した当初、従業員は私ひとり。雑居ビルの一角で、自分で営業を

して、契約を取りに行きました。さらに経歴を活かして自社サイトのデザインを考え、コーディングをし、アクセス数を増やすために記事を書いたこともあります。テレビCMの制作にあたっては、企画立案、制作、実施まで全てを担当。そして経営のために財務や法務の知識を身に付け、仲間を増やすために数千人と採用面接をして……。

ビジネスにまつわるすべての領域を経験したと思います。

だからこそ、それぞれの仕事がどれだけ大変か、どんな難しさがあるのかを身をもって理解できたのです。

すべての職種に対して理解があれば、それに従事してくれている社員のことを「自分より下の人」「代わりはいくらでもいる」などと考えるはずがありません。**社員のことは、各分野の「エキスパート」として、心からリスペクトしています。**

この姿勢で社員に声をかけ、社員からの声に耳を傾けてきたことで、社員間でも、異なる職種や役職を持つ人へのリスペクトを持つマインドが波及していきました。

相手のポジションに対するリスペクトがあれば、自然とコミュニケーションは丁寧になります。「年下なんだから、俺の言うことを無条件に聞け」なんて命令をしなくなり、「上司の顔を立てなくては」と考えることもなくなる。相手の意見に真摯《しんし》に耳を傾け、相手のことを思って進言するようになるのです。

そうやって、役職や年齢にとらわれない、双方向のコミュニケーションがスタンダードになっていくのだと思います。

社内でフラットな関係性を築くことは、連帯感の醸成や、ストレスの少ない職場環境づくりにつながる大切なポイントです。それはもちろん、業務効率を上げ、組織の生産性をアップすることにも貢献するでしょう。

#「気軽に話ができない」職場の原因

社内のコミュニケーションが大切。

フラットに意見を交わせると効率も上がる。

どの会社でも、そうした考えを共通認識として、「立場を問わず活発なコミュニケーションが取れる環境をつくろう」と努力されているはずです。

しかし、現状を見てみれば、上司と部下のコミュニケーションが上手くいっていないという会社のほうが多いのではないでしょうか。


「部下が指示通り動いてくれない」

「報告をしてくれない」

「考えていることがわからない」

と悩んでいる管理職の方は多いはずです。

もちろん部下側も、「上司と上手くコミュニケーションが取れない」「気軽に話ができない」といった不安や不満を抱いていることでしょう。

とくにリモートワークの普及によって、直接的なコミュニケーションの機会が減少していますから、チームワークに不安を抱えている職場は増えているかもしれません。


どうして上司と部下の間に溝ができてしまうのか？

なぜマネジメントが上手くいかないのか？


そんなマネジメントの機能不全の根本には、**「マネージャーが部下の70点を許せない」**という問題点があると私は思っています。

「仕事ができる人」がはまる落とし穴

普通、マネージャーになるのは、仕事が「できる人」です。周囲よりも高い成績を上げていた人が課長に抜擢《ばってき》されたり、長期間目標をクリアし続けた人が部長に昇進する。

そんな人は、自身のレベルが高いゆえに、他者にも自分と同等の結果を求めがちです。部下も自分と同じように、ミスをせず、クオリティを下げずに仕事をやり遂げるべきだと考える。**自分が100点を取れていたから、他人の70点を許せない**のです。

ここに、多くの人がはまってしまう落とし穴があります。

まず、他人の70点を「許せない」のですから、指導がどんどん厳しくなっていきます。「なんでこんなこともできないんだ」「まだそんな質問をするのか」などと言ってしまう人が、その典型ですね。

もしくは、「自分が全部細かくチェックしないとダメなんだよ」と親身なふりを装い、マイクロマネジメントを始めてしまう人も多い。挙げ句の果てには、「自分がやったほうが早いから」と部下の仕事を巻き取る人もいます。

たしかにそれで80点になる仕事はあるでしょう。部下に任せず、自分でやったほうが早く片付くこともある。


しかし、部下の立場で考えてください。これらは**部下にとって百害あって一利なしのマネジメント**です。

部下は仕事への自信を持てなくなってしまいますし、社内確認に業務時間を圧迫され、残業がかさんでしまうかもしれません。そんな中で頑張り続けられる人は多くはないはずです。

そんなマネジメントを続けていれば、いずれ部下たちが離れていくことは確定的です。

それだけでなく、マネージャー自身の仕事がどんどん増えていくことも明らかです。

部下の進捗確認に、部下の仕事の巻き取り、部下の顧客対応のフォロー……。そうした業務に追われて、**自分自身のアップデートに時間が使えなくなる**のです。その結果、中間管理職レベルで成長が止まってしまい、次のステージへ登っていけなくなります。

多くのマネージャーが、こんな悪循環に陥っています。

部下の70点を許そう

自分が100点、100％のクオリティでできる仕事を、70点しか取れない部下に任せるのが怖い気持ちはよくわかります。プレゼンのクオリティが落ちて、チームの受注を一時的に減らしてしまう可能性もある。

しかし、現時点で70点が最大値の部下から、その仕事を奪うのは、部下が70点以上の人材へと成長できる余地を奪うことに他なりません。

「今完璧な仕事をすること」に主眼を置けば、あなたの介入は最も手っ取り早い解決策ですが、マネージャーが持つべきは「部下が成長するには」「チームが成長するには」という長期的な視点ではないでしょうか。

だからまずは、**70点の仕事を許しましょう。**

部下の現時点での力やその頑張りを認めた上で、いずれは80点、90点を出せるように指導していくべきだと思います。

Z世代に最適なマネジメントとは?

マネジメントと言えば、近年はこんなトピックスをよく目にします。

「自分が新卒の頃はもっと厳しい環境だった」

「今の若者はこんな言葉で傷つく」

「Z世代はこんなふうに指導をすべきだ」


たしかに、人々の価値観は大きく変わっています。ハラスメントやコンプライアンスへの意識など、世の中で当たり前とされる「常識」も様変わりしました。

しかし、私はこの言説には少し違和感を覚えます。

私は「若者世代」に括られる当事者であり、また、「若者世代」「Z世代」をマネジメントする当事者でもあります。そんな私の立場からすると、**「現代に合った指導法」の正解など、存在しないように思える**のです。


世代を問わず、厳しく指導されたい人もいれば、自分のやり方で進めるのが性に合っている人もいるでしょう。残業も厭《いと》わずがむしゃらに働いて稼ぎたいと思う人もいれば、プライベートを重視して無理のないペースで働きたい人もいる。人それぞれに得手不得手もあります。

それらの「個」をまるっと一括りにして、「自分はこうされたから」「この年代の子はこうだから」と指導してしまえば、必ずその指導法に合わずに成長できない人や、職場を離れていく人が出てきてしまいます。

それは、昭和も令和も、変わらないことだと思うのです。

安易な世代論で物事を考えず、**一人ひとりに合うようにパーソナライズした指導をする。**

それが、時代にかかわらず、部下を最短で育て、モチベーションを最大限に引き出すベストなマネジメント方法なのではないでしょうか。

例えば、対人コミュニケーションが得意で、数学や長時間PCに向き合うことが苦手な人に「SEになれ！」と厳しく指導して育てようとするよりも、営業の部署で存分に得意な能力を発揮してもらうほうが、本人にとっても、会社にとっても、ずっと効率的です。

一人ひとりの部下としっかりコミュニケーションを取り、個人の特性を見極めてマネジメントしていくことが何よりも大切だと思います。

効率化は大事。しかし、相手に合わせることも必要

最後に、クライアントのみなさんに対するコミュニケーションについてもお話ししたいと思います。

弊社のクライアントは、主に経営者の方々です。M&Aの需要が高い中小企業ではとくに、経営をされている方が比較的高齢であることも多く、好まれるコミュニケーションの方法も異なります。

例えば、メールよりも手紙や電話でやりとりをしたい。オンラインミーティングはよくわからないから、直接会って話がしたい。そういったご要望が多いのです。ときには、文書のやりとりにFAXを使うこともあります。

私たちは、そんな**クライアントのみなさんのご希望に合わせて、コミュニケーション方法を変えています。**

「お客さんとのやりとりでは電話とFAXだけを使ってください」
「オンラインでの打ち合わせはしないように」

もし会社からそんな指示をされたら、反発心を抱く人は多いでしょう。「今どきFAX?」「毎回出向くのはちょっと面倒だな」と。

たしかに、より効率的で速く意思疎通ができる方法はたくさんあります。弊社でも、社内ではチャットやオンライン会議のツールなどを積極的に活用しています。

しかし、仕事において重要なのは「相手の立場に立って考えること」です。つまり、クライアントのみなさんが使いやすいツールを用いて、安心できる方法を取ることが最も大切なのです。

最後は人間、最後は感情

例えば、効率化を際限なく極めた結果、M&A仲介業務のすべてをAIがやってくれるようになったとします。企業の経営者がM&Aをしたくなったら、専用のウェブサイトにアクセスすると、瞬時に多大なメリットのあるマッチングが提案され、相手との合意や手続きまでも一気通貫で完了してしまう、夢のサービスです。そうなれば、M&Aは今よりずっと楽で、手軽なものになるでしょう。

ですが、そんな仕組みで上手くいくはずはないと断言できます。

なぜなら、**クライアントは、みなさん「人間」だからです**。人間の心の中には、複雑でままならない「感情」があるものです。

「事業を手放して自分は本当に後悔しないか」

「相手企業は本当に信頼できるのか」

「従業員は合併後に不遇な目に遭わないだろうか」……

M&Aにあたるとき、みなさんの胸の中にはたくさんの不安が渦巻くものです。たとえどんなに確実なメリットがあって、頭でそれに納得していたとしても、簡単に会社を売買することなどできません。

だからこそ、不安なときに親身になって相談に乗ってくれたり、信頼できて、ときに背中を押してくれるようなアドバイザー(人間)の存在が絶対に必要なのです。


これは、M&A業務以外でも同じことではないでしょうか。AIやデジタルを使わない場合で考えてもそうです。

誰より効率的な仕事ぶりで、超スピードで素晴らしい成果を出せるスーパー社員がいるとしましょう。部品メーカーの営業であれば、上手く自社部品のメリットを説明できて毎日契約を積み上げる人、プログラマーであれば、効率的なやり方で社内の課題を一気に解決してしまうような人です。

そんなふうに飛び抜けた実力を持つ人間でも、**感情面を蔑《ないがし》ろにしてしまえば、すべ**

てが水の泡です。社内のコミュニケーションでトラブルを起こしてしまうかもしれないし、顧客から信頼を得られることもない。かえって効率低下を招き、組織の成長を阻害してしまう。そんな最悪の結果を引き起こす可能性があるのです。

すべての会社組織で効率化を進めるべき。業務効率化で無駄がなくなることで、日本企業の生産性が向上する。

私は本気でそう思っています。

でもそれは、「合理性だけを追求していこう」「感情はいらない」と思っているわけではありません。

「理」と「情」のバランスを上手く取ってこそ、真に効率的な組織になれる。そんな信念を持ってこそ、効率化は進められるのです。

第4章

効率化で組織を変える

次はあなたが導く番だ

全スキルを極限まで高めよう

私は2015年、25歳のときに、ECやウェブメディア事業を展開する株式会社Alpacaを創業しました。これが最初の起業です。

その1年後、同社をPR会社の株式会社ベクトルへ9・5億円で株式譲渡。18年、27歳のときに現在のM&A総合研究所を創業しました。22年には東証グロース市場へ上場（のち、23年にプライム市場に区分変更）しました。

この第4章では、そんな経営者の視点から、私が意識していること、やってきたことをお話ししていきます。起業を考えている人だけでなく、これから社内で新規事業の立ち上げに参画する人や、新商品を立案する人、「もっと昇進したい」という意欲を持つ人など、多くの人にとって役に立つ内容だと思っています。ビジネスパーソンにとって、「一歩先」へと進むヒントになるはずです。

「経営者に重要な要素は何ですか？」

よくこんな質問を受けます。

決断力、先見性、人を惹き付けるカリスマ性、時流に乗る柔軟性……。様々な要素があると思いますが、私は、この問いの答えとして次の2つを挙げたいと思います。

「ジェネラルなスペシャリストであること」と、

「高い視座を持つこと」。

ひとつずつ説明していきましょう。

「ジェネラリスト」「スペシャリスト」という考えがあります。

ジェネラリストは、様々な分野の知識やスキルを持った人材のこと。多角的な視野をもとに、複数の部署を横断して活躍する人を指すことが多い言葉です。

一方スペシャリストは、特定の分野の深い知識を持った人材のことで、技術者や研究者などの専門職に従事する人を指します。

人材育成の現場では、昔から、この2つの分類を用いて「ジェネラリストを育成すべきだ」とか「スペシャリストの確保こそ重要だ」といった議論が行われてきました。それぞれに良さがありますし、業種によっても必要なスキルは変わるため、どちらの人材が有用かを一概に断言することはできないと思います。

ただし、プロフェッショナルの知り合いも人脈もない状態で、若くして企業を成長させたいのであれば、「ジェネラルなスペシャリスト」になるべきだと思っています。自分の専門分野に特化した、ただのスペシャリストでは足りません。幅広い知見を持ったジェネラリストでもまだ力不足です。

経営者は、ビジネスにおけるすべての（ジェネラルな）領域において、高い能力を持つスペシャリストにならなくてはならない。言い換えれば、「ビジネスのすべてのスキルを極限まで高める必要がある」と私は考えています。

「狭く深く」「広く浅く」では足りない理由

まず、会社にまつわるすべての業務に精通していなければ、適切な経営判断はできません。

製造段階からプロモーションといった、事業の上流から下流まで。あるいは市場動向など世の中全体のことから、社内の人事事情まで。経営者が目を配るべき範囲が限定されることはないのです。

これは、反対の状況を想像していただくと、もっとわかりやすいかもしれません。

例えば、営業では突出した能力や知見があるけれども、システムには一度も触ったことがない経営者の場合。

彼らや彼女らには、エンジニアがやっている仕事の良し悪しがわかりません。どの仕事を誰に任せるのが最適かも判断できない。たとえエンジニアが仕事をさぼっていても指摘できませんし、コストが高いばかりで能力の伴わないベンダーにシステムを一任してしまうこともあるかもしれません。

一方、**すべての業務に広く浅い知識を持っているだけのジェネラリストも考えもの**です。彼ら彼女らは専門職の誇りやプライドなどが理解できず、自分と同じジェネラリストばかり育てたり、重宝したりする傾向があるかもしれません。

そんなリーダーについていきたいと思ってくれる人が、どれほどいるでしょうか?

圧倒的な実力で、メンバーからの信頼を築く

以前、新しい事業のウェブデザインを制作していたときのことです。

サイト上のロゴを見て、私は、1ピクセルの影のあしらいが加えられていることに気付きました。影が濃すぎると文字がぼやけてしまうのですが、一切影を付けないとシンプルすぎる印象になる。担当デザイナーの細かなこだわりがうれしく、私はその点を称賛しました。

すると担当者は、「佐上さん、そんな細かいところによく気が付きましたね！」と驚きながら、非常に喜んでくれました。

このように、「うちの社長は細かいところまで見てくれている。評価してくれている」という実感があると、社員は目には見えないところまで、きめ細かい努力に励みます。スペシャリストとして、さらなるこだわりを発揮してくれるのです。

反対に、社員から「うちの社長はデザインのことなんてわからない」と思われてしまえば、通り一遍の仕事しかしてくれなくなるでしょう。

人は「わかってもらえる」「評価してもらえる」という信頼があって初めて、本気になるのです。

大切なのは、何よりも「人」です。どれだけ新しいビジネスプランがあっても、それを実現させる「人」がいなくては、事業は軌道に乗りません。

ある程度のキャリアを重ねてから起業する場合は、「人」の確保は容易になります。業界内に知人や友人も多く、あなたの人柄や実力もよくわかってくれている。「一緒にやろう」と申し出てくれる人が、きっと見つかるでしょう。

しかし、私のように若いうちに、しかも異業種での起業を目指すとなると話は別です。業界内での実績はほぼゼロですし、なんのコネもない。なんとかして自分以上に業界を知り、業務を知り尽くしたベテランを確保しなければなりません。

では、どうやってそのような人材を確保するのか？　夢やビジョンを語って説得するのか。多額の報酬を用意するのか。

どちらも大切なのは大前提として、もうひとつ重要なことがあります。それが、**あらゆる領域で圧倒的な実力を身に付けること**です。

私は前述の通り、デザイナー、エンジニアとしてキャリアを積み、起業してからは営業、ファイナンス、マーケティング、財務、法務、採用などすべての仕事を徹底的にやり抜きました。

そこまでしてようやく、あなたの語る夢やビジョンに説得力が宿り、優秀な人材から「この人に賭けてみよう」と思ってもらえるのです。地に足の着いていない夢を語るだけでは、誰もついてきてくれません。

一般的に経営者というと「経営のプロ」を指すものだと思われています。それはそれで間違いではありませんが、ベンチャーにおける経営者は、「ジェネラルなスペシャリスト」であることが、圧倒的な速度で成果を挙げるためには必要なのです。

無謀でもいい、高い視座を持つ

もうひとつ、組織を成功に導くために重要な要素は、「高い視座を持つこと」です。

よく、スタートアップやベンチャー企業においては「30人の壁」や「100人の壁」があると言われます。

これは、30人、100人と組織規模が拡大していくときに課題に直面しやすいことを表したもの。例えば、採用者数と退職者数が拮抗して人数が増えない、事業が伸び悩んでしまう、部長クラスの人材を外部採用したのに思うように活躍してもらえない、創業時の社風が失われて退職者が続出するなど、様々な問題が発生する傾向があるようです。

ですが、私たちにはそんな「壁」は一度も訪れませんでした。

創業2年目の頃に従業員は30人を突破し、3年目には100人を突破。現在の従業員数は411人（2024年7月末時点）と急激な人員拡大を続けています。それでも、**一度も「壁」を感じたことはない**のです。

どうしてベンチャー企業の壁を感じなかったのか？

それは、最初から「数万人の従業員を抱える規模の会社になる」と思っていたからです。

例えば、42・195キロのフルマラソン完走を目指す大学生にとって、2キロは序盤の通過地点でしかありません。どうすれば42・195キロを走りきれるのかと必死に練習するはずです。

さらに、プロのマラソンランナーだったら。42・195キロを完走するのは当たり前ですよね。ランナーにとっては、どれだけタイムを縮められるか、自己ベストやライバルとの競争に焦点が絞られている。

「30人の壁」というのも、これと同じことだと思います。30人の規模をひとつのマイルストーン（中間目標地点）だと考えているから、そこに壁があるように感じてしまうのです。

私たちの「数万人」は極端かもしれませんが、**遠い先の目標を見ていたら、目の前にある小さなポイントに、大きな転換点があると感じることはなくなります。**

これは、従業員の人数（組織規模）だけでなく、売上や時価総額などについても同様です。売上1億円を目標にしていれば、1億円達成は大きな壁に思えますが、売上1兆円を目標にしていれば、1億円達成は通過点に過ぎません。

——自分たちの世代で時価総額数兆円規模の会社をつくりたい。

これが、今の私たちの目標です。この目標に向かって、業務を効率化し、仲間を増やし、走り続けています。

日本では直近20年以内に創業した会社で、現在も時価総額1兆円を超える企業はありません。そんな現状を知っている人からすると、私たちの掲げる目標は、無謀ともとれる高すぎる目標だと思います。

でも、私は最初からそこまで高い視座を持っていたからこそ、小さなハードルにつまずくことなく、現在まで成長してこられたのだと思っています。

トップの掲げる目標が低ければ、その志は社内にも伝染し、結果的にそこが会社の限界になってしまいます。もし経営者になるならば、たとえ周囲からどんなに無謀だと思われようと、視座を高く保ち続けてください。

「確実に成長する産業」はもう出尽くした

「勝兵は先《ま》ず勝ちて而《しか》る後に戦いを求め、敗兵は先ず戦いて而る後に勝を求む」

これは、兵法書の古典である『孫子』に記された、有名な言葉です。「よく勝つ軍隊はまず勝利までの道筋を考え抜いてから戦い、よく負ける軍隊は戦い始めてから勝つ算段を考える」という意味です。

この言葉は、経営における重要な示唆に富んでいます。

私は、**事業ドメイン**（事業を展開する業界、領域）**を選ぶ段階で、すでにその事業の勝敗は決まってしまう**ものだと考えています。

事業ドメイン選定時に、勝てる道筋を見極めなくては、ビジネスで勝利を摑むことはできません。負けるドメイン、負ける市場を選んでしまえば、その後どれだけ努力したとしても事業が上手くいくはずはないのです。

とはいえ、「どのドメインを選べばいいのか」は非常に難易度が高い問題です。なぜなら、正直に言って、現在は**スケールさせられる事業ドメインが出尽くしてしまった時代**だから。

例えば、戦後はものが少ない状態でしたから、高度経済成長期にかけて、みんなの「ほしいもの」をつくる産業が大成長しました。車や家電などがその代表例ですね。

1990年代後半になると、インターネットが台頭し、多くの産業が形を変えていきます。インターネット・バブルと呼ばれるほど株価が高騰し、ソフトバンクグループや楽天、サイバーエージェントなどの企業が興隆しました。

2010年代のガラケーからスマホへデバイスが変わっていく時期には、ウェブメディア事業やスマホゲーム事業など、新しいデバイスに対応したサービスが拡大していきました。

しかし、2020年代も中盤にさしかかった現在では、そのような「高い確度での成長が見込まれた事業領域」は、すでに残されていないと言っても過言ではないでしょう。

レッドオーシャンで勝つ方法

では、今からではまったく勝ち目はないのか？
そんなことはありません。厳しい現状を踏まえた上で、私は次の2つのアドバイスを送りたいと思います。

一つ目のアドバイスは、**「オペレーション・エクセレンスの観点を持つ」**ということです。

「起業をしよう！」となると、新しい事業アイデアを見つけたり、新規戦略を発明しようと躍起になるものです。いわゆるブルーオーシャンを開拓しようとするのですね。
新市場を創造できたなら、他社と競争することなく、高収益が期待できます。ですから、これは経営のセオリーとして正しい戦法でしょう。例えば、レンタルＤＶＤサービスで郵送システムやサブスクリプションシステムを導入したNetflixや、ヒートテックやエアリズムなど衣服に機能性を加えたユニクロはまさに、このブルーオーシャン戦略で成功した事例です。

しかし、すでに成熟したように見える、レッドオーシャンな領域においても、成長できる余地は存在します。それが「オペレーション・エクセレンス」です。

トヨタが証明した「勝ち筋」

オペレーション・エクセレンスとは、オペレーション（業務の運用）の効率を磨き上げることで、独自の競争優位性を生んでいる状態のこと。

オペレーション・エクセレンスに勝ち筋が存在していることは、すでに様々な企業

が証明しています。

代表的な例と言えば、「トヨタ生産方式」を生んだトヨタ自動車でしょう。同社は、必要なものを必要なときに必要な分だけつくる「ジャスト・イン・タイム」と、異常があれば自動で停止する「ニンベンのついた自働化」を二本柱とすることで、工数の削減や無駄のない生産を実現しています。

そのうえで「乾いた雑巾をさらに絞る」と表現されるほど、地道なオペレーション改善を徹底して繰り返し、大きな利益を生んでいるのです。

その姿勢は、弊社も同様です。私たちも徹底的にオペレーションの無駄をなくしていくことによって、業界の中でも特に高い業務効率と利益率を実現してきました。

業務をデジタル化、自動化して無駄を取り除く。オペレーションを加速させる。

この手法を使えば、M&A業界に限らず、小売業や医療産業、サービス業、通信業など、ほとんどの事業において、もっと大きな利益を上げられるはずだと思っています。

同じ質問を3人以上にぶつける

事業選定におけるアドバイスとして、二つ目にお伝えしたいのは、**「業界調査を徹底すること」**です。

徹底的に業界調査を行えば、市場の概要を理解することができる。そうなれば、必ず勝ち筋も浮かび上がってきます。

業界調査や情報収集をする際のポイントは、信頼のおける専門書などに当たりながら、同時に、精通者へのヒアリングなども行うことです。

例えば、アパレル業界について専門書を読み、知識を取り入れると、自分の中に「トレンドはどんなサイクルで生まれているのか?」といった疑問が浮かびます。これは本だけでは解決できない疑問です。

そこで今度は、その疑問を直接アパレル業界の人にぶつけてみるのです。

この時に注意しておきたいのが、**「質問時に相手がどのような反応をするか」**です。答えそのものだけでなく、どんな意図を持って答えているかなどの情報も把握して、客観的な答えを摑んでいく。

すると、自分自身で意思決定できるレベルにまで知見が深まっていきます。


また、質問をぶつけるのは、一人では不十分です。どんな人でも、答えには必ずなんらかのバイアスがかかってしまうからです。

そのため、**気になる疑問は最低でも3人以上の専門家に尋ねるべき**だと考えています。実際に業界で働いている人のリアルな意見をたくさん得ることによって、その業界の概要が立体的に把握できるようになります。さらに、その答えの共通部分を自分で見つけることで、中立的な答えを導き出すことも重要です。


弊社が東証グロース市場に上場したのは、2022年6月28日のこと。その2年前、上場を計画したときに目標とした日付から、一日のずれもありませんでした。

それができたのも、徹底的な情報収集と業界調査をしたからです。必要なことはすべて完璧に準備できていました。そのため審査で想定外の事態が起きることもなく、計画通りに上場を果たせたのです。

本を読もう。受験生のように

情報収集について、私の取り組みをもう少しお話ししたいと思います。

若くして起業することを決意したとき、圧倒的に不足しているのが「経験」です。経営をしたことがない人でも、法律やファイナンス、マーケティングやマネジメントなど、経営に関する「知識」を身に付ける手段はいくつもあります。ＭＢＡなどの教育機関で学んでも良いですし、今はYouTubeでも事足りるのかもしれません。

しかし、**経営の「経験」は簡単に手に入らない**ものです。

例えば、25歳で起業した人と、50歳で起業した人であれば、社会で働いた年数には10倍近い差があり、管理職としての経験差はさらに拡がります。

ビジネスにおいては、新企画立案や顧客との交渉、トラブル対応の舵取りなど、経験がものを言うシーンにもたくさん出くわします。そう考えると、実際の年数以上に、埋められない経験値の差があるように感じられます。

では、足りない経験値をカバーするにはどうすればいいのか？

それには、「読書」が最適です。

書籍、とくにビジネス書には、様々な経営者たちの「経験」が詰まっています。つまり、読むことで彼らの経験を追体験できるのです。

私は20代前半の頃、他の人たちが眠っている夜中に、**本を5～10冊ほど速読しては1時間寝る、また速読しては1時間寝る**、というサイクルで無数の書籍を読みました。脳に記憶が定着するのは寝ている間だと言われますから、効率良くたくさんの情報を吸収したかったのです。受験生の最後の追い込みのように、知識を詰め込んでいました。

それも、経営や自分の事業領域に関わる分野の書籍だけでなく、知的好奇心の赴くままに、様々なジャンルの書籍を読みました。

戸部良一／寺本義也／鎌田伸一／杉之尾孝生／村井友秀／野中郁次郎『失敗の本質』（中公文庫）、藤田田『ユダヤの商法』（KKベストセラーズ）、稲盛和夫『生き方』（サンマーク出版）、先ほども紹介した『孫子』、量子力学や生物学に関する本……。

一見、自分の仕事と関係のない本に思えても、得た知識はいろいろなところで紐付いていきます。新規事業のアイデアを構想しているときに、歴史の知識が役に立ったり。人間関係について悩んでいるときに、心理学の知識がヒントになったり。

知識の幅が広がることで、教養が深まり、仕事に関するアウトプットも進化していくのです。

書籍を読む人は減少を続けています。月に1冊も読まない人が世代を問わず半数ほどいますし、以前に比べて読書量が減ったと感じている人は7割近くまで及ぶそうです（平成30年度「国語に関する世論調査」より）。動画による情報摂取が当たり前となった現代では、必然的な流れなのかもしれません。

それでも、若いビジネスパーソンが足りない経験値を補うためには、先人の経験を吸収できる読書が、最も確実で効率の良い手段だと私は思っています。

まずはスピード重視で「似た仲間」を集める

先にも述べたように、起業は「人」が命であり、創業期において「人」の重要性はより高いものとなります。

そこで、基盤となるのが「採用活動」です。採用は経営戦略に大きく関わる部分であり、経営者が最も力を注ぐべき領域と言っても過言ではありません。

一般的に、企業においては多様性が重要だと言われます。人材が多様であれば、新たな視点が取り入れられたり、細分化する消費者のニーズをキャッチしやすくなったり、グループシンク（集団浅慮。同調圧力などによって判断能力が損なわれること）を避けられるなどのメリットがあります。そのため、画一的な組織よりも、長期的に持続可能な組織になると考えられています。

たしかに、個人の多様性を認め合うことは、社会にとっても重要な観点です。そうした社会の姿を反映して、組織にも多様性が必要だとする議論もよくわかります。

しかし、誤解を恐れずに言えば、私は創業から現在にかけて、多様性を求めた採用を行ったことがありません。むしろ逆行して、**できるだけ同一の価値観を持つ人を採用してきました。**

その理由は、経営において何よりもスピードを重視しているからです。

異なる人々の価値観をすり合わせるには、非常に時間がかかります。あるいは、まったく違うビジョンを持った人間同士が一致団結するにも、何段階ものステップが必要でしょう。

私は、「自分たちの世代で数兆円規模の会社をつくる」という大きなビジョンを掲げていますから、そこに工数を割いている場合ではないと考えているのです。

ビジョン、カルチャー、DNAで推進力を得る

ただし、「同質な社員を集めた」とは言っても、社員みんなの性格や趣味が一致しているわけではありません。

弊社の社員が持つ同質性とは、価値観の部分。合理性を重視すること、効率を重視すること、チームワークを重視すること。あるいは無駄なことを嫌い、従来の慣習や手法を根っこから疑えること。

そんな考え方の根本が共通した人間たちが、「数兆円規模の会社へ成長しよう」という大きなビジョンを共有しているのです。

だから、私たちは結束力や推進力が強い組織になれている。

急激な事業成長ができている背景には、デジタル化などのハード面の改革だけでな

く、こうしたソフト面での特性も大きく影響していると思います。

もしかしたら、今後数千人、数万人という規模へと拡大していく過程で、現在の同質性は失われ、もっと多様な人材が仲間になっていくのかもしれません。

そうなったときにも、初期段階で同質性の高い集団をつくり、組織カルチャーを強固にしてきたことが、強い意味を持つでしょう。**土台をしっかりと築きあげていれば、多様な人材が参画しても、カルチャーが大きく揺らぐことはない**からです。

どれだけ拡大しても、今あるM&A総合研究所のDNAは、きっと浸透するだろうと思っています。

採用でもまずは数字

続いて、実際の採用面接の際に私が意識しているポイントを2つお話ししましょう。

一つ目に、面接時には**「事実を包み隠さず話すこと」**を意識しています。仕事内容や残業時間についてだけでなく、報酬のことまで、数字をベースにしてストレートにお伝えします。

自社の印象を少しでも良くしようと給与や雇用形態の条件を濁したとしても、入社した瞬間に本当のことはわかります。

「入る前に聞いていた条件と違う」ことは、よくある離職理由のひとつ。面接時に事実を隠すことは、まぎれもなく悪手だと言えるでしょう。

また、面接時から積極的に数字を使ってお話しすることは、弊社の文化や普段のコミュニケーションの雰囲気を感じ取っていただくことにもつながっていると思います。

人の本質を見極める「ある質問」

二つ目に意識しているのは、**その人の「素直さ」を見ること**です。

志望動機や過去の実績をチェックする、受け答えの様子から論理的思考力を測るなど、採用時の判断基準には業界や職種によって異なる考えがあると思います。私たちのM&A業界では、コミュニケーション能力や財務・会計への知識の有無などが採用軸になっていると思われがちです。

そうした能力値が大切なのは当然として、私が最も大事にしているのは「素直さ」です。

どんな仕事でも、新しいことに取り組むならば、まずは先輩たちの真似をしたり、上司のアドバイスに耳を傾けたり、素直に努力する必要があります。**学歴や現時点での能力値がどうであれ、素直に努力できる人はいずれ必ず成功を掴める**ものです。

反対に、素直でない人や人の意見を取り入れられない人間は、それ以上実力を伸ばすことはできないでしょう。

具体的に、私は面接の中で、よく**「あなたの弱みは何ですか？」**と質問します。

答えの内容は人によってバラバラですが、受け答えは大きく3種類に分けられます。

弱みをなかなか言わない人、「私の弱みは○○です」と簡潔に答える人、「弱みは○○で、こうやって改善してきました」と改善経験まで語る人の3タイプです。

弱みをなかなか言わない人は、プライドが高いのかもしれません。入社後、素直に先輩たちからのアドバイスを聞き入れられるのだろうかと不安を覚えます。

一方で、弱みに加えて改善経験まで自然と語る人は、素直な受け答えができているだけでなく、「この質問で相手は何を聞きたいのか？」という意図を汲み取ろうとする思慮深さが感じられます。

第3章でも述べましたが、そうやって相手の立場に立って考えられる「ホスピタリティ」も、ビジネスパーソンとして大成する重要なポイントです。ですから、そういう人がいると「この人とぜひ一緒に働きたい」と思うのです。

採用面接は、求職者にとっても企業にとっても、互いの人間性や希望の方向性を確認できる貴重な機会です。入社してしまってから「この会社には合わない」と気づくのは、お互いにとって大きな損失になります。そんなミスマッチを防ぐためにも、面接では、履歴書だけでは判断できないカルチャーフィットの具合をしっかり見極めるようにしましょう。

人を育てるのは「仕組み」がすべて

人材を採用した後は、「育てる」フェーズです。せっかく優秀な「原石」に入社してもらえたと思っても、実際に力を発揮し、実力を磨いてもらわなければ、採用計画は台無しでしょう。適切に人材育成を行い、組織のパフォーマンス全体を向上させていくことも、経営者に求められる役割のひとつです。

よく「できる社員とそうでない社員の差が激しい」「新人が育たない」といった悩みを聞きます。一人ひとりの能力に差があるのは当然ですし、モチベーションにも個人差や波があるもの。全員が同じ角度の成長曲線を描くことは難しいでしょう。

しかし、会社として育成を「仕組み化」していたら、全従業員の能力水準を底上げすることができます。組織として**「人が育つ仕組み」が整っていれば、どんな人でも自動的に成長できる**のです。

実際、弊社では、業界未経験者のうちの約70％程度が入社1年以内に成約を獲得しています（2023年9月期実績）。さらに、入社から1年6ヶ月経つと、ほぼすべてのアドバイザーが成約を実現。早期に「成約」という成功体験を掴むことで、前向きな成長意欲が生まれ、離職率の低下にもつながっています。

では、そんな実績が生まれている「人が育つ仕組み」とは何か？

それは、徹底的な業務のマニュアル化にあります。

全業務のノウハウをマニュアル化

私たちは、業務プロセス順に、すべての業務にまつわるノウハウをマニュアル化しています。

マニュアルには、基本的な営業フローの他、お客さまからよく聞かれる質問への答えをまとめたページや、法務でつまずきやすいポイントを網羅したページなども準備しています。

このマニュアルを読めば、誰でも、効率的に仕事の基礎知識を身に付けることができる。つまり、未経験者に対してもすぐにＯＪＴ（オン・ザ・ジョブ・トレーニング）へ移ることができます。
そうやって早くから実地経験を積むことが、結果として、他社よりもずっと速い成長につながっているのです。

「マニュアル化」という言葉に対して、拒絶反応を持つ人も多いかもしれません。そんな方々から聞かれるのは、「マニュアル人間なんて役に立たない」「仕事はマニュアルで教えられるものではない」といった意見です。
しかし、マニュアルは「仕事を言語化する」という意味では重要なものです。自分たちの仕事がどのような流れで進み、どこにポイントがあり、どこでつまずきやすいのか……しっかり分析できていれば、「使えるマニュアル」は作れるはずです。実際、私たちのマニュアルは、基本的にテキストベースで構成されています。

また、一部では動画コンテンツも用意しています（次ページ図）。**定性的なノウハウを伝えるためには、テキストよりも動画のほうが伝わりやすい**手段だと考えています。

アドバイザー向けの営業ノウハウなどは動画で共有

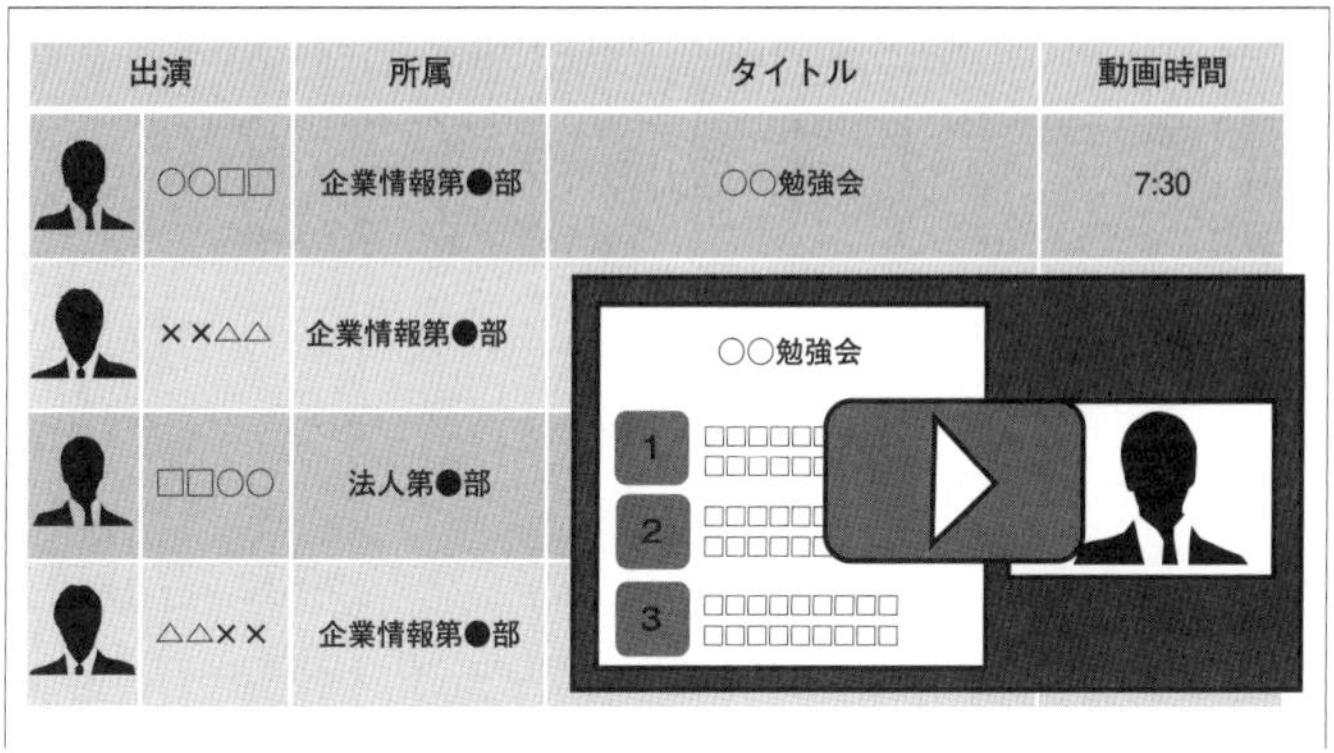

ただ、職場によっては、マニュアルは作れても、動画を作るのは難しいということもあるかもしれません。その場合は、テキストベースでのマニュアルに加えて、先輩がロールプレイングでアドバイスをしたり、社内セミナーを積極的に開催するのも良い方法でしょう。

ノウハウのマニュアル化で外せない知識をキャッチアップすること。早く多くの実践経験を積むこと。定性的な「先輩社員のコツ」もシェアすること。それができれば、次第に「人が育つ仕組み」が整っていくはずです。

報酬システムは「納得感」を最優先

先日、知り合いの経営者の方がこんな悩みを吐露していました。

「前職よりも年収が下がるにもかかわらず、うちの会社に来てくれた優秀な社員がいる。働きぶりも素晴らしく、報酬をもっと上げてあげたいが、長く働いている他の従業員もいるので、バランスを考えるとなかなか難しい」

正直私は、この悩みを聞きながら、あまり共感できませんでした。その優秀な社員が優秀な働きをしてくれているのなら、それに見合った報酬を支払うべきだと思ったからです。大きく報酬体系を変えられない場合でも、納得感のあるルールは必要だと考えます。

彼の会社に限らず、「勤続年数と年収に相関がある」「従業員に対して給与の上限がある」という会社は多いのではないでしょうか。

報酬制度は企業によって方針があり、ルールが定められているもの。それぞれの考えがあって当然ですが、「そのルールには全員が納得できるロジックがあるか」という点が大切だと思います。

報酬がモチベーションに直結することは言うまでもありませんが、それ以上に**「頑張っているのにお金がもらえない」「給与体系に納得できない」といった状況がモチベーション低下に与える影響は甚大です。**

そこで、「年齢が」「勤続年数が」「他の人の給与が」「慣習だから」、なんて曖昧な理由を持ち出されたら、会社への不満感が募ってしまうかもしれません。

その結果、優秀な人材が流出してしまうようでは、会社にとっては、給与を上げるよりずっと大きな損失です。

ですから、社員のモチベーションが上がるような報酬制度を整えることは、至要なミッションだと思うのです。

「稼げたから辞めます」とならない理由

弊社では、成果に対してインセンティブを定めています。そして、このインセンティブには上限を設けていません。つまり、成果を出した分だけ、際限なく報酬が手に入る仕組みになっているのです。

もちろん、このインセンティブ率も数字ではっきり説明しています。例えば、助力を仰いだ上司にインセンティブのある程度の%が配分されたり、会社の業績に応じてパーセンテージが変更されたりといった不透明な変動はありません。

このインセンティブ制度があることで、弊社の平均年収は2815万円（在籍2年超のアドバイザー）と高い水準にあるのです。

「でも、高額な報酬を手にすると仕事をしなくなるのではないか」

そんな不安が残るかもしれません。たしかに「5億円あったら仕事を辞めて遊んで暮らすのに」なんて妄想した経験がある人も多いでしょう。

しかし実際は、それは杞憂に過ぎません。

弊社では青天井のインセンティブ制度があるほか、上場前には7・5％（時価総額4000億円なら約300億円分）のストックオプションを配布したため、すでに多額の資産を形成した社員もいます。

それでも、**お金を得たことを理由に離職した人は一人もいません。**仕事に対するやる気がなくなった人も見受けられませんでした。

むしろ、経済的な余裕ができたことにより、安心感を持って新たなチャレンジができるようになっていたり、後進育成に力を入れるようになったり、より奮起して仕事に取り組んでくれています。

学生時代、テレビでＩＴ起業家と呼ばれる人たちが注目を集めていました。それを見て、私は「年齢が若くとも、実力があれば評価されるんだ」と純粋な憧れを抱きました。自分もそんな世界を見てみたい。そう思ったことを覚えています。

今でも、あの時の気持ちは変わっていません。**年齢や経験などの外的要件に左右されず、実力のある人間が評価されるのが正当な評価**だと思っています。

日本のCEOの報酬総額の中央値は1・3億円ですが、アメリカはその約13倍の17・9億円です（デロイト トーマツ グループ『役員報酬サーベイ』（2021年度版）より）。また、日本ではベンチャー企業であっても、CEOに飛び抜けて高額の報酬を出す企業は少ないようです。

CEOに限らず、実力を発揮して利益に貢献した人には、高額の報酬で還元する。そんな大胆さを持てたら、もっと起業や新しいチャレンジに夢を持つ人が増えるのではないでしょうか。

「優秀な人ほど辞めていく」への対処法

採用し、育成し、活躍してくれるようになった。

その次にぶつかる悩みが、離職です。とくに、「優秀な人ほどすぐに辞めていってしまう」という悩みを抱える企業は多いのではないでしょうか。

すごろくで最後のマス（ゴール）に到達したら、そのゲームは「あがり」です。もうコマを進める先はありません。次のボードに移ろうと思う人もいるでしょうし、もっと別の遊びをしたいと思う人もいるかもしれない。優秀な人が辞めてしまう現象も、これに近いのではないかと思います。

「自分が進むマスがない」、つまり**「この会社ではこれ以上成長できない」と思うから離職を決意する**のです。優秀な人であれば、他の人よりもゴールにたどり着くのが早いはずですから、それで「優秀な人ほどすぐに辞める」という現象が起きるのだと思います。あるいは、優秀だからこそ、長年同じ仕事・職務・職位だと飽きてしまうという人もいるでしょう。

ですから、会社として、優秀な人材がコマを進める「先のマス」をつくっておかなくてはなりません。

弊社では、優秀なアドバイザーがステップアップできるルートとして、管理職のポストだけでなく、経営者的な働き方も用意しています。例えば、新規事業の責任者としてその立ち上げを任せたり、子会社の経営に参画してもらったり。私から経営についてのノウハウを伝える、社内勉強会も用意しています。

ある調査によると、「管理職になりたい」と答えた日本人の割合は、19・8%で、調査対象国中最下位だったと言います（パーソル総合研究所「グローバル就業実態・成長意識調査（2022年）」より）。

「頑張ってもどうせ管理職になるだけ」
「管理職になってもいいことなんてないのでは？」

そんな「成長への無関心モード」に入ってしまえば、目の前の仕事に対してもモチベーションが下がってしまいます。

一方、「頑張ったらこんなことにもチャレンジできるんだ！」「いつかは自分もあの仕事に取り組みたい！」と思えるようなネクストステージを段階的に用意しておけば、すべての社員にとって長期的なモチベーションの維持につながるはずです。

報酬などの外的要因のみならず、**「成長できている実感」や「チャレンジできる面白さ」といった内的要因**も、仕事のモチベーションを大いにかき立てるものです。

外的要因、内的要因のどちらからもアプローチして、社員みんながやる気を持って積極的に働ける環境を整えることも、経営者にしかできない大切なミッションだと考えています。

経費は数千円の変化も見逃さない

組織をまとめる上で大切なのは、採用・育成体制や報酬体系などの環境を整えることだけではありません。健全な運営のためには、健全な財務体質が欠かせません。この章の最後は、「コスト」についてお話ししましょう。

利益を上げるには、売上を上げるか、コストを下げるかの二択しかありません。

無駄なコストをカットすることは、本書のテーマである「効率化」に直結する、非常に重要なタスクです。

「高い利益が出ている会社」と聞いて、弊社のことを予算が潤沢な会社だと想像する人がほとんどかもしれません。

しかし、私は非常にコストに厳しい人間です。現在でも、月に一度、必ず自分で全社における経費をチェックしています。それも、数千円単位で変動を把握しているほど、シビアな目線を持っています。

例えば、お客様からの問い合わせに自動対応するチャットボットシステム。以前導入していた外部システムは、月額使用料10万円に加え、問い合わせ1件当たり500円の追加料金がかかっていました。月々数百件程度の問い合わせがあったため、毎月のコストは数十万円。

問い合わせを効率的に捌《さば》くためにはチャットボットは必要なシステムなのですが、

この仕組みでは問い合わせが増えれば増えるほど、コストがかさんでしまいます。

そこで、チャットボットシステムを自社で開発することにしました。2週間ほどで開発でき、外部システムはすぐに契約を停止。もちろん、開発にも多少の費用はかかりましたが、長期的な視点で見れば大きなコストカットにつながりました。

「コストカットしすぎ」で非効率になるな

あるいは、業務用携帯の利用料金を月々100円下げるために、契約先を変更したこともあります。

たった数百円、数千円と思えても、削減できるならば実行する。その徹底した姿勢が、コストカットおよび業務効率化につながっていきます。

ただし、コストカットとは、ただ経費を切り詰めればいいというわけではありません。

例えば、コストカットのために従業員の業務用スマートフォンのスペックを下げたとします。それによって端末料や利用料が大幅に削減できた。一方で、スマートフォンの動作が遅くなって、5分で済んでいた日報入力に、10分かかってしまうようになった。

このように従業員のパフォーマンスが落ちてしまうのならば、本末転倒です。**コストカットが逆にタイムロスを生み、業務の非効率化を招いてしまう可能性もある**のだと注意しなくてはなりません。

「外部システムを導入してDX化だ！」
「コストカットのためにカラーコピーはしないように！」

そんな「手段」だけを安易に取り入れるのは、逆に効率化から離れてしまう結果をもたらします。

削減できるコストはないか。コストとパフォーマンスを天秤にかけるとどちらに傾くのか。そういった総合的、長期的な結果をしっかり数字で見通して、正しい効率化を導き出さなくてはなりません。

この章では、経営者の視点から、私の考えをお話ししてきました。

私は、経営者としての強みを多く備えていると自負しています。ですが、自分が経営についてのすべてを知っているとは思っていません。ここに記した手法は、弊社に合っていた方法であり、一概にすべての企業に当てはまるわけでもないでしょう。業種やビジョン、働く仲間たちによって、適切な経営手法は変わってくると思います。

それを見極めて、自分たちにとって最適な状態へ持っていくことが、経営者の腕のふるいどころではないでしょうか。

最終章

私たちはなぜ、何のために働くのか

何よりも、幸せに生きていこう

一人でも稼げる時代に、それでも組織にいる意味

人は何のために働くのか？
なぜ組織に属するのか？

社会情勢の変化や、テクノロジーの発展に伴って、私たちが働くことの意味や、会社という組織のあり方も、大きな転換期を迎えています。
本書の最終章では、これからの時代における組織のあり方について、デジタルネイティブ世代の一人として、そして組織で働く人間の一人として、考えていきたいと思います。

かつて、高校や大学を卒業し、企業に入り、「サラリーマン」になることは、ほぼす

べての人にとって、人生の既定路線でした。そして、一度入社すれば、終身雇用制度で定年まで組織に守ってもらうことができた。

しかし、もうそんな時代は終わりました。大企業で安泰に見える企業でも、いつまで存続しているかはわかりません。2019年には経団連（日本経済団体連合会）の会長から「終身雇用はもう守れない」という旨の発言があったように、会社が従業員を雇い続ける保証もなくなっています。

それどころか、今は一人きりでも十分お金を稼げる時代です。例えば、YouTuberやその他SNSのインフルエンサー、エンジニアやデザイナー。新卒時からフリーランスの働き方を選択する人もいます。一人で稼ぐノウハウやスキルさえも、YouTubeを観れば無料で学べる時代になっています。

つまり、**現在は「会社で働くこと」のメリットが薄れてきている**のです。

会社に所属しても雇用が保障されるわけではないのなら、自由度が高まって、努力次第で稼ぎも増やせるフリーランスの働き方を魅力的に感じるのは、なんら不思議ではありません。あるいは、単純に人間関係や旧態依然としたルールに縛られるのがわずらわしいという人もいるはずです。

実際、企業勤め以外の働き方を選択する人は増加の一途を辿っています。２０１５年には９３７万人だったフリーランス労働人口は、２０２１年に１５７７万人にまで上昇。これは労働人口の約１／４を占める割合です。

また、企業に勤めながら、何らかの副業を行っている人も多いですし、ＦＩＲＥ（経済的な自立と早期リタイア）にも注目が集まっています。

優秀な人材は、お金だけでは動かない

一方、私は経営者です。多くの人が以前ほどには魅力を感じてくれなくなった「会社」を経営する人間です。

当然ながら、経営者として「これからの会社はどうあるべきか」「どんな会社だったら『ここで働きたい』と思ってもらえるのか」を真剣に考えなければなりません。優

秀な若者ほど、「会社以外」の道を選ぶ傾向にあるのですから。

私たちの会社は、ともすると「平均年収2800万円超」というフレーズばかりが一人歩きし、「高収入で人を集めているのではないか」と思われることがあります。

しかし、今の若い人たち、とくに優秀な人材は、決してお金だけでは動きませんし、お金だけでつなぎとめることもできません。

企業は、従業員に対して仕事を与え、給与を支払うだけでなく、**一人で働く以上の価値を得られる、魅力的な場所にならなくてはいけない**のです。

これからの会社はどうあるべきか。私は、こんな結論に辿り着きました。

――会社組織は「幸せを感じられるプラットフォーム」になるべきだ。

「幸せを感じられるプラットフォーム」とは、自分の幸福を追求するための基盤のことです。社員が自分自身の幸せを思う存分追い求められて、一人でいるよりも幸福を感じやすい土台を提供できたなら、それは十分、今の人にとって「所属したい」会社になれるはずだと思うのです。

ここからは、その具体的な姿について、一緒に見ていきましょう。

成果を出すには、まず自分の心を満たすべき

「自分の幸せを一番に考えてください」

私は社員に向かって、いつもそう伝えています。なぜなら、人は自分が満たされてはじめて、他人であるお客さまの幸せを真剣に考えることができるから。つまり、公私ともに充実した人間こそが、仕事でも成果を挙げられる人間だと思っているからです。

例えば、仕事に熱心なあまり、プライベートの時間を犠牲にし、睡眠不足や不摂生な食生活が続けば、生産性は落ち込みます。そうならないよう、十分な睡眠と体調管

理が大切になります。

スポーツでも同じことが言えるでしょう。昭和の時代のスポーツ選手は「練習中に水を飲むな」という指導を受けていました。しかし、それでは本来のパフォーマンスを発揮することができないばかりか、身体を壊してしまうだけ。現在では、練習中や試合中の水分補給は、必須のものとして推奨されています。

これは、「心」についても同じことが言えます。

あなたの「心」がすり減っていたら、とても十分なパフォーマンスを発揮できません。第3章で述べた「相手の立場に立って考える」というホスピタリティの精神も発揮できず、自分のことで精いっぱいになるでしょう。視野も狭くなり、長期的な視点も持てず、仕事は空回りしていくばかりです。

一方、**心身ともに満たされていれば、あなたはゆとりを持って物事を考え、行動することができます**。相手の気持ちを推し量ることも、率先して手を差し伸べることもできるでしょう。

だからこそ私は社員に、「自分の幸せ」を最優先にしてほしいと言っているのです。

では、幸せとは、具体的に何を指すのでしょうか？

私は20代の頃、会社を売却してから、様々な「お金を手にした人のその後」を見てきました。十分な資産を築き、働かずに暮らしている人。お酒や遊びに溺れて、プライベートの人間関係が壊れていく人。何億というお金を使い果たして、借金を背負ってしまった人……

「どうしたら人は幸せになれるのだろうか？」

そうした人たちを間近で見て、真剣に考えました。

その結果、人生の幸福度は次の3つの軸で決まるという結論に至りました。

・経済的な軸
・仕事の軸
・プライベートの軸

この3つがすべて高い水準で満たされて初めて、人は幸福を感じられるのです。ひとつずつ説明していきましょう。

経済的なゆとりと、心の余裕

一つ目の軸は**「経済的な軸」**です。つまり、金銭的な余裕があるかどうか。

かつての日本では、「清貧の思想」が尊ばれていました。お金を追い求めるのは賤《いや》しいことで、たとえ経済的に貧しくとも心は高潔であるべきだと。

しかし、清貧の思想とは、江戸時代の武士たちに限った教えです。

たしかに江戸時代、下級武士の多くは経済的に困窮していましたが、彼らは武家という権威の下に生まれ、さまざまな特権を持っていました。

それに対して、町人たちは存分に働き、存分に稼ぎ、経済的な豊かさを求める、清貧とは無縁の生活を送っていました。

つまり、清貧の思想とは、武士という特権階級が、その権威と引き換えに打ち立てた価値観に過ぎないのです。現代の日本人が守るべきものではまったくないと思います。

「貧すれば鈍する」という言葉がありますが、経済的な困窮が心の困窮につながってしまうことも、あるかもしれません。

反対に、経済的なゆとりが確保できていれば、心に余裕を持ちやすくなります。嫉妬や劣等感に駆られることもなく、人のことを思いやって、他者の幸せを心から祝福することができる。これは、動かしがたい真理でしょう。

第4章でもお話ししましたが、弊社では、インセンティブ制度やストックオプションの導入など、報酬制度に強いこだわりを持っています。これらは、従業員が経済的な余裕を十分に持ち、かつ働くモチベーションも上げられるようにと考えたすえに設けているものです。

「稼ぎたい」人、面接で歓迎

実際、採用時の志望動機を分析していくと、弊社では「稼ぎたい」というシンプルな動機が、非常に大きな割合を占めています。

一般に、採用面接の場面で給与を志望動機として挙げるのは、なんとなくＮＧとされるものです。

しかし、弊社ではむしろ「稼ぎたい」という動機を歓迎しています。

なぜなら、そもそも「稼ぐ」ためには、高い付加価値を提供することが必須だからです。仕事の報酬として受け取る金額は、その付加価値に対するお客さまからの感謝そのものだと、私は考えています。それを志望動機として掲げるのは、真っ当なことではないでしょうか。

そうして経済的な軸が満たされたことで、自分の心に余裕を持つことができれば、よりお客様のことを考え、貢献することができるはずです。

また、金銭的な充実を求めることは、生きていく上で必要不可欠な欲求だとも思います。そのお金で積極的な自己投資を図ったり、お金について学び、将来設計を立てていくことにもつながるでしょう。そして何より、経済的な軸を満たそうとする動機は、強いパワーを生みます。

経済的な状況やお金に対する望みにしっかりと向き合い、上手くコントロールしていくべきだと思っています。

仕事の充実度は、人生の充実度に直結する

二つ目の軸は、**「仕事の軸」**です。

私たちは、仕事に人生の多くの時間を費やしています。たとえ残業がまったくない

人でも、毎日8時間。睡眠時間を8時間とすれば、**1日のうち起きている時間の半分が仕事の時間です**。通勤にかかる時間や、残業、休日出勤、仕事のための研鑽の時間なども含めれば、人生の半分近い時間を費やすと言ってもいいかもしれません。

その大量の時間が、精神的に満たされるものであるかどうかは、人生の充実度に直結します。仕事がつまらなかったり、苦痛なのであれば、胸を張って「自分の人生は幸せだ」とは決して言えないでしょう。

では、具体的にどのような状態になれば、「仕事の軸」が満たされていると言えるのでしょうか？

例えば、自分が従事する仕事そのものにやりがいを感じていること。他者への貢献感が得られていること。仕事の内容を好きだと思えていること。自分自身の成長を実感できたり、一緒に働いていて心地良い仲間がいること。これらはいずれも、仕事の軸が満たされた状態だと思います。

ただし、これらの要素のうち、何に比重が置かれるのかは人によって異なります。

仕事内容はそこまで好きではないけれども、気の合う同僚と働けていたら気持ちが満たされる人もいれば、その逆の人もいる。**自分はどんな要素によって仕事の軸が満たされるのか**を見極めなくてはなりません。

また、いくつかの要素については、業界や業種による特性も大いに影響します。

例えばM&A業界は、比較的「スキル」や「成長実感」の充実が叶いやすい業界です。財務や法務、経営に関する深い知識が身に付く上、経営者との交渉経験や多数のプレゼンテーション経験などを積むこともできます。手に入れられるスキルが幅広いため、日々自分が成長できる実感を得やすいのです。

さらに、M&Aの成立は、企業の再生や存続を助けることを意味します。そのため、社会貢献性がとても高く、また、契約が無事に終えられたときには、「○○さんに巡り会えて良かった。本当に感謝しています」とお客さまが泣いて喜んでくださることもある。直接的にやりがいや貢献感を感じられる仕事でもあります。

楽しくない仕事は「軸」がズレている

一方、「気の合う仲間と働きたい」という要素に比重を置く人の場合、どうすればいいでしょうか？

近年は「配属ガチャ」という言葉も生まれていますが、入社した先でどんな部署に配属され、どんな仲間たちに囲まれて働くかは、予想のつかない要素です。運や偶然に左右されるところも大きいでしょう。

しかし、最近ではオウンドメディアやSNSを通じて、積極的に社内の日常を発信する企業が増えてきました。その様子をつぶさにウォッチしておけば、ある程度の社風もわかってくるでしょう。もちろん、経営者のブログやSNS、インタビュー記事などもチェックするといいと思います。

まだまだ運に左右される部分はあるとはいえ、10年前や20年前の求職者よりずっと優利な立場にいることは間違いありません。

そして**何より大切なのは、自分がどの要素を大切にしているのかを見極めておくこと**です。

例えば、クライアントから言われた「ありがとう」のひと言が忘れられないという人は、貢献感を重視して就職・転職先を考えるのもいいでしょう。オフィスにじっと閉じこもる仕事ではなく、お客さまと直接触れあえる仕事や、NPOやNGOなど、社会貢献性の高い組織もいいかもしれません。あるいは、資格を取得して、医療関係の仕事や士業に就くなどの選択肢もあります。

なによりも自分で企画を考えたり、クリエイティブなものづくりをするのが好きだという人は、仕事の内容を重視するはずです。テレビや広告業界、出版、映像などさまざまな企画・制作系の会社を探すことになるでしょう。

仕事は本来、とても楽しいものだと私は思っています。

もしも楽しくないとしたら、それはあなたの「仕事の軸」が今の仕事とズレていて、満たされていないだけです。自分の軸を見極め、自分の幸せを見極めていくようにしましょう。

休みもなく働くと「ツケ」が来る

最後の一つは**「プライベートの軸」**です。

Appleの創業者、スティーブ・ジョブズは「私が勝ち得た富は、(私が死ぬ時に)一緒に持っていけるものではない。私が持っていけるものは、愛情にあふれた思い出だけだ」という言葉を残したと言われています(実際には、彼本人が言ったという明確な証拠はないそうです)。プライベートの充実は、人生の幸福において重要な要素だと考えさせられる言葉です。

仮にあなたが、現在の10倍の給料を得て、十分にやりがいがある仕事に就いているとします。プライベートの時間はありませんが、他の2つの軸は満たされている状態です。

さて、あなたは幸福だと感じるでしょうか？

バブル世代以上であれば、「十分に幸せだ」「プライベートが犠牲になるのは仕方がない」「それが仕事というものだ」と答える人もいるでしょう。高度成長期には「モーレツ社員」という言葉が流行し、バブル期には「24時間戦えますか？」というテレビコマーシャルが大人気だったくらいですから。

しかし、平均年齢29歳の弊社で、プライベートをすべて犠牲にして働きたいと答える社員はほぼ皆無です。これは私たちの会社に限った話ではなく、時代的な流れだと思います。

とくに2000年代以降、超過勤務によって心身のバランスを崩したり、ときに過労死にまで追い込まれる事件が続発し、大きな社会問題となりました。また、テレワークの導入や長時間労働の是正、産休や育休の拡充などを柱とした「働き方改革」が叫ばれるようになったのも記憶に新しいところです。

休むべきときにはしっかりと休み、プライベートの時間を充実させる。家族や友人と過ごす時間、趣味に没頭する時間、旅行やレジャーに出かける時間。これらがあってこそ私たちの人生は充実するのですし、その充実は仕事にも反映されます。

今、若くてやる気に満ちあふれている人の中には、「休んでいる時間がもったいない」と思う人もいるかもしれません。

しかし、プライベートの充実とは、自己投資の一環なのです。休みもなく働き続けていたら、いつかツケが回ってきます。将来に備えて勉強に励むように、長い人生を見据えて、「休息という自己投資」にもフォーカスしましょう。

「ここにいれば全部満たされる」会社にしよう

「経済的な軸」「仕事の軸」「プライベートの軸」

この3つの軸は、どれかひとつが欠けても本当に幸福を感じることはできないものです。とはいえ、自分一人の力で3つすべてをコントロールし、満たすのは非常に難しいこともまた事実でしょう。みなさんも、どれかを犠牲にしたり、どこかで妥協したりするのが当然だと考えているかもしれません。

だから会社に属することで、仕事に見合った報酬を受け取り、やりがいのある仕事に取り組み、しっかりと休息の時間を確保する。会社はそのように、社員の3つの軸を満たすプラットフォームの役割を担うべきだと、私は考えています。

私が本書の中で繰り返し語ってきた超効率化の施策もすべて、この「幸福度を構成する3つの軸」を満たすためにあると言っても過言ではありません。

日本企業がクリアすべき最優先課題のひとつに、生産性の向上があります。実際、**日本の1人あたり労働生産性は、OECDに加盟している38カ国中31位と、衝撃的な低さ**となっています（公益財団法人日本生産性本部2023年調べ）。

年功序列の給与体系により、やる気と能力のある人材に正当な評価を下さなかったり、だらだらと意味のないサービス残業に従事させたり、中には休日出勤が常態化するような会社もあるかと思います。これらはすべて、生産性を著しく下げる要因です。

一方、社員を（年齢やキャリアにかかわらず）適正に評価し、誰にでもやりがいのある仕事を与え、十分な休暇制度も整備する。これらはすべて、生産性の向上に寄与します。離職率も下がるでしょうし、優秀な人材の採用にも結びつくでしょう。

つまり、社員にとってのメリットは、会社や経営者にとってのメリットでもあるのです。

ビリオネアは何をモチベーションに働いているのか？

あなたは今、資産が10億円あったら、どんな仕事をしますか？

「10億円もの大金があるなら仕事なんてしなくていい」

と、どこかのリゾートで遊んで暮らす毎日を想像した人も多いかもしれません。たしかに、10億円があれば生涯暮らしに困ることはないでしょう。

実は私も、20代の頃に数ヶ月間働かずに生活をした時期があります。海外や離島に旅行をしたり、趣味のフットサルや水彩画を描くことに没頭したり、とても楽しい時間でした。

けれど、その楽しさは長続きしなかった。仕事をしないでいると、社会との接点が減り、刺激も得られず、自分の成長を感じられることもありません。楽しい時間は次第に退屈へと変わり、物足りなさを感じるようになりました。

私も「遊んで暮らす」という魅力的な響きに憧れた一人でしたが、現実はこんなにもすぐに飽きるものなのだな、と肩透かしを食らった気分でした。

そのとき、**「仕事で得られるものは、お金だけではなかったのだ」**と身をもって理解したのです。

実際、ビリオネア（資産を10億ドル以上持つ人のこと）に名を連ねる人の中でも、精力的に働き続けている人はとても多いようです。

例えば、およそ30兆円もの資産を持つイーロン・マスクは、テスラやスペースXなど、いくつもの事業を手掛けています。報道によれば、彼は週に120時間以上も働いていると言います。一生かけても使えないほどの資産があっても、寝る間も惜しんで働き続けているのです。おそらく彼には「世界を変える」「人類を次のステージに引き上げる」といった、壮大なモチベーションがあるのでしょう。

お金の「向こう側」が、仕事を揺るぎないものにする

仕事はお金を稼ぐ手段であり、お金を得るために働いているのは事実です。

しかし、仕事の価値はお金だけではありません。報酬は、仕事の価値の一側面に過ぎないのです。

仕事を通じて、大きな達成感が得られたり、社会のためになる貢献感や誰かの役に

立つ充実感が得られたり。あるいは、大切な仲間との出会いがあったり、共に何かを成し遂げた思い出が生まれたりする。これらは、**遊びや趣味では決して得られない、人生を深く満たしてくれる大きな価値**です。

その裏付けのように、定年退職をして、あれほど嫌だったはずの「仕事」から解放された途端、生きがいを失って衰えてしまう人は大勢います。

「仕事はお金のため」と思っていると、そうした仕事の真の価値に気づかないばかりか、我慢して働くのが当然になります。つまらなくても当たり前、しんどくても当たり前。そんな考え方に縛られてしまうのです。

それは非常にもったいないことだと思います。本来、仕事はお金以上のもっと大きな幸せを得られるものであるはずです。

経済的な軸だけでなく、仕事の軸も満たされなければ、人生の幸福度が向上することもありません。

「私たちは何のために働くのか?」

その答えは人それぞれでしょう。ただし、「お金」だけが答えでないことは知っておいてください。そして、そんな**お金の「向こう側」にある何かを発見すること**が、あなたの仕事の軸を揺るぎないものにしてくれるのです。

今の時代、成功するには正攻法しかない

「ハラスメントが増えている」

人々の生活は豊かさを増す一方で、そんな声もささやかれています。たしかに、セクハラ、パワハラ、マタハラ、スメハラ……。「〇〇ハラスメント」と名称が付けられ、言及される事例が増えたのは事実です。

けれど、嫌がらせの種類が増えたというのが本質ではありません。フォーカスすべきは、「ハラスメントがバレる時代になった」ということではないでしょうか。つまり、**悪行が見逃されない時代になっている**のです。

ある時期までの日本は、日常的にパワハラを行う人がいても、仕事で成果を出していれば「あの人は結果を出しているから」と許される空気があったかもしれません。しかし、この令和の時代にそれは通用しません。そもそも今は、不当なハラスメントを受けたとき、黙って耐える必要はありません。転職するのも当たり前になっていますし、企業に属さず一人で稼ぐこともできるのですから。

さらに、何らかの不正がインターネット上で告発されたら、すぐに世間的な批判につながります。たったひとつの口コミから、大きな社会問題に発展する事例も珍しくない時代です。

インターネット上での個人攻撃が過剰になり、誹謗中傷が行われてしまうこともまた別の問題として残されていますが、昔のようなグレーな手法が強い批判対象になっていることは事実です。

悪事を働けば、噂は瞬時に広がり、信頼を失う。そして、その噂はデジタルの世界に残っていくことになります。

裏を返せばこれは、「仕事で成功するためには、正攻法で勝負していかなくてはならない時代になった」と言えるのではないでしょうか。

本気で顧客のことを考え、信頼を得る。
同僚や部下に誠実に接して、サポートし合う。
自分のスキルを磨き、実力を高めることで成果を出す。

結局はそういう堅実な姿勢で努力した人が、仕事での成功や人生の成功を摑めるのだと思います。

人も会社も「因果応報」

これは、「企業」という単位で考えても同様です。

例えば、従業員に無理をさせ、私服を肥やす経営者やその企業は、いずれ必ず崩壊します。あるいは、どこかでお客さんを騙したりする会社も、長続きしないでしょう。すべてのステークホルダーが得をする仕組みができて初めて、信頼が得られ、協力が獲得できるようになり、成果が出るのです。その循環が生まれなければ、事業が継続していくことはありません。

京セラの創業者で、KDDIや日本航空の会長も務めた故・稲盛和夫さんは、「世の中には因果応報の法則がある」と語られています。

また、自身の経営方針については、「人間として正しいか正しくないか、よいことか悪いことか。人間を律する道徳や倫理をそのまま経営の方針や判断基準にした」と述べ、そんな考えを象徴する言葉として、仏教の教えから「利他の心」というキーワードを頻繁に使われていました。

私は、私たちの世代、あるいはZ世代の若者には、そうした**「利他の心」が無意識のうちに身に付いているのではないか**、と思っています。幼い頃から様々な社会課題や、自然災害、異常気象などを目の当たりにし、学校でもよく取り扱われてきたからです。この世代は、「ＳＤＧｓネイティブ」とも言えるほど、社会課題を自分たちに身近な問題として捉えているのです。

あるいは、自分が満たされると周りへ目が向けられるのと同様に、便利で豊かな生活を当たり前に享受して育ったために、自然と意識が社会全体へと開かれている、という側面もあるかもしれません。

実際、周りにいる同世代の経営者を見ていても、社会貢献への強い意識を感じます。みんな普通に「社会を良くしたい」と思って事業に邁進し、利他的な経営の道を歩んでいるのです。

正攻法で勝負する時代。自然と利他の心を備えた世代。

そんな流れが合わさって、これからはますます、「利他の心」を持つことが、成功し続けるための唯一の道になっていくのではないでしょうか。

年功序列は合理的ではない。ただ……

時代の変化を語る上で、避けては通れないのが、人々の価値観の変化についてです。とくに企業において、価値観の違いとして取り沙汰されるのがジェネレーションギャップです。

年齢がひと回り（12年）違えば、育ってきた社会情勢や、触れてきたテクノロジー、文化はガラリと変わると言われています。そのため、世代によって価値観がまったく異なるのは当然のことだと思います。

企業とは新卒からベテランまで幅広い年代の人が所属する組織ですから、社内でジェネレーションギャップによる軋轢が生まれてしまうのも無理はないのかもしれません。

中でも、「年功序列」については世代によって認識が大きく異なる点ではないでしょうか。

昭和・平成年代にとっては「年功序列」は言わば常識的なルールでした。今でも、年齢や勤続年数をベースに役職や報酬を決めている企業は少なくないはずです。

一方、私は年功序列は合理的ではないと思っています。もちろん年長者を敬うべきだと思いますが、仕事においてはやはり実力がある人が評価されるのが正しいと思っていますし、会社組織として利があると考えるからです。

だからといって、「今すぐすべての企業で年功序列を撤廃すべき！」とまでは考えていません。ここにあるのは、**あくまでも「価値観の違い」**であり、どちらが正解でどちらが不正解という線引きはないのです。会社全体のことを考えれば、「年功序列を続けたほうが合理的」と総合的に判断できる場合もあるでしょう。

同調はしない。だけど、否定もしない

価値観の相違が表れるのは、世代間だけではありません。

例えば、若い世代の中には、「何事もほどほどでいい」という価値観を持つ人も多くなっています。出世を望まない、特別ほしいものもない、働きすぎず休みがほしい、といった考え方です。

これは日本だけでなく世界的な若者世代の傾向として見受けられるようです。

2021年には、中国で「寝そべり族」という言葉が流行語となりました。高額消費の欲を持たないで、必要最低限しか働かず、自由な時間を優先する考え方の若者を指します。また、アメリカでは、企業に属しながら最低限の仕事をこなし、退職したかのような精神的余裕を持って働くことを指す「静かな退職（Quiet Quitting）」というワードが注目されています。

私個人は、「ほどほどでいい」という価値観にはあまり共感できません。「早く結果を出したい」と20代から一心不乱に働いてきた人間ですから。今も会社をどんどん大きくしていきたいという野望を抱いていますし、きっと私はどこまでいっても「足るを知る」ことはないだろうと思います。

けれど、「ほどほどでいい」と思う人たちを否定する気はありません。自分の野心的な価値観を押し付けたいとも思いません。年功序列と同じく、価値観が違うだけで正誤はないのです。

その人自身が幸せを感じられるのが、最も良い生き方だと思っています。

「同調はしない。だけど、否定もしない」

私のそんなスタンスに、共感してくれる同世代の方は多いのではないでしょうか。なぜなら、私たちは、多様な価値観があることを当たり前のこととして理解している「多様性の世代」だからです。

私たちデジタルネイティブ世代が物心つく頃には、インターネットがあり、スマートフォンがありました。そのため、初めてSNSに触れた年齢も低かった。SNSを介して、自分の価値観をシェアすることや、他者の多様な価値観に触れている状態がデフォルトの世界で育っています。

だから、みんな多様な価値観を理解し、受け入れる力が自然と備わっているのです。

人の価値観を変えるのはナンセンス

これは、「働き方」に対しても同様です。私たちの世代は、「人それぞれに異なる働き方があって良い」「それが当然だ」と考えています。

例えば、20代の頃の私のようにがむしゃらに長時間働く人が、残業をせずにワークライフバランスを重視する人を見ても、「それもありだね」と自然と受け入れられるでしょう。

飲み会が嫌いな世代だと言われますが、中には飲み会が好きで、上司との飲み会にも積極的に参加したいと思う人もいます。

ずっとリモートワークで働きたいと思っている人もいる一方で、オフィスに通勤するのが性に合っているという人もいる。「いずれはフリーランスの働き方がしたい」と同期同士でスキルアップに励んでいる人たちもいるでしょう。

若い世代は、様々な働き方の選択肢があることを踏まえた上で、ただ「自分に合った働き方をしたい」と思っているのです。

したがって、会社選びにおいても、**会社の方針や価値観が、「自分の価値観」と一致しているか**が大きな判断軸になっているのではないでしょうか。

企業側としても、それを意識するべきだと思います。例えば、多様な価値観をすべて受け入れられる柔軟な会社になったら、多くの人にとって魅力的な企業に映るはずです。あるいは、私たちのように会社の価値観を明確にして、価値観の合う人を求めるのも、ひとつの方針だと思います。

個人の価値観は、独立したもの。他者の価値観に影響を与えられることはあっても、無理やり変えさせたり、従わせようとしたりするのはナンセンスです。違う価値観同士で優劣を付けたり、争うのも意味がありません。

これから、会社の中核で活躍するのは「多様性の世代」です。多様な価値観の人たちが集まり、多様な価値観を反映した企業が増えていってほしいと思っています。

日本には、まだまだ変化が足りない

働き方、成功の方法、価値観。ここまで、様々な時代の変化を語ってきました。そんな時代の変化を受け、業界全体で大きな変革期を迎えている例として、自動車業界のことを考えてみましょう。

自動車は、私たちの生活に欠かせない移動手段です。自家用車、タクシー、バス。

みなさんも、様々な自動車を利用して生活していることでしょう。

そんな自動車中心の社会ですから、自動車という乗り物が、私たちの生活から消えることは想像ができません。

その一方で、自動車が時代に合わなくなってきているのも、みなさんご存じのはず。自動車の排気ガスによる大気汚染や地球温暖化への影響の甚大さ、交通渋滞による経済損失や痛ましい交通事故などが、自動車にまつわる喫緊の課題として広く認識されています。

そこで、現在は自動車の「中身（仕組み）」を変えるアプローチが進んでいます。

例えば、ハイブリッド車や電気自動車といった、環境に配慮したエンジンを搭載する車種が普及していますし、カーシェアやライドシェアの活用促進も進んでいます。あるいは、ＡＩを活用したナビゲーションシステムや信号統制のシステムなどで、渋滞を緩和しようという動きもあります。

これらの取り組みは、ビジネス戦略でもありますが、何よりも「自動車のあり方は変わるべきだ」という強いコンセンサスの表れではないでしょうか。

そして、自動車と同じく、企業組織もまた、大きな転換期を迎えています。

企業が持つ働き方の枠組み自体がガラリと崩れ去ることは考えられませんが、組織のあり方、つまり**組織の「中身」が時代に合わなくなってきている**のはたしかな事実です。

終身雇用制度が維持できなくなったように、満員電車に揺られて毎日必ず出社することや、家庭を顧みず働き続けること、副業禁止制度や、有給休暇・育児休暇を取得できないことなどは、現代に生きる私たちにはフィットしない組織の「中身」になりました。

ただし、現状を見れば、まだまだ変化は足りないというのが私の実感です。もっと言えば、世代によって志向するＳＮＳが違うように、**私たち世代や、もっと若い世代にしか見えていない「理想の組織」像が必ずある**と思っています。

私たちで新時代の組織をつくろう

だから私は、私たちの世代で、私たちの世代なりの新しい会社組織のあり方を模索し、社会を創っていくべきだと考えているのです。これからの時代に合う価値観を持っているのは、これから働いていく私たちに他ならないのですから。

自分たちで、自分たちに合った組織をつくる。

その想いが、「業務を徹底的に効率化する」「幸せのプラットフォームを目指す」といった弊社の特徴的方針として表れているのです。

自動車は、搭載されているエンジンが古くなれば、燃費が悪くなります。

組織も同じです。私たちの世代でも、古くなったエンジンではなく、「自分たちに合ったエンジン」を搭載することができれば、燃費は向上する。より遠くへ、効率良く走れるようになります。

私は、今**「数兆円規模のグローバル企業になる」**というスケールの大きな目標に向かって、仲間と共にひた走っています。みなさんの中にも、大小様々な夢や目標があるでしょう。

目標に向かって走る最中、沿道からは「前例がないから無理だ」「常識的に考えて無茶だ」などの声が聞こえてきます。志が折れそうになることもあるかもしれない。

しかし、「パラダイム」という概念を提唱したアメリカの科学史家、トーマス・クーンは、その著書『科学革命の構造』の中で、「新しいパラダイム」を発見する人を、次のように定義しています。

「新しいパラダイムの基本的発明を遂げた人は、ほとんど、非常に若いか、パラダイムの変更を促す分野に新しく入ってきた新人かのどちらかである」

つまり、ある時代に共有された常識や社会的規範が、**新しい時代の常識に移り変わるとき（パラダイム・シフト）、その起点となるのは、若者か新参者**だということです。

外野の声に、耳を貸す必要はありません。

大切なのは、同じ目標に向かって走る仲間、つまり「自分たち」です。

私は、どんなに遠大な夢であっても、必ず実現できると信じています。そして、その実現とは「自分たちで、自分たちに合った組織をつくる」ことができた先に、待っているのだと思うのです。

おわりに

本書の執筆にあたり、社内で「自分たちが他の会社と違う点は何だろうか？」と話していました。そこで、社員から出てきたのは「無駄なことをしない。それだけですね」という答えでした。

創業から3年9ヶ月で上場、約5年で時価総額4000億超に到達。売上や社員数は、前年比100％以上の成長を続けている。

そんなファクトを並べると、何か特別なことをしているとか、革新的なアイデアが当たったのだろう、と思われることがあります。

しかし、社員が言うように、私たちが成長できた秘訣は、ただ「無駄なことをしなかった」だけなのです。

つまり、私たちが成功している要因は「考え方」や「カルチャー」にあります。「無駄を嫌う」考え、全体の効率を優先するという共通認識、数字で語る文化、感情面を蔑ろにしないスタンス、「幸せのプラットフォームになる」という価値観……。

そうした思考的土台に立脚した徹底的な効率化によって、ここまで急成長することができました。

これは、M&A業界でしかできないことでも、私たちにしかできないことでもありません。誰にだって、どの業界・業種の企業にだって、真似できることです。

実際、「人材紹介会社ですが、M&A総研のような仕組みをつくっています」と言ってくださる起業家の方や、「M&A総研の不動産バージョンです」と謳っている企業もあります。また海外でも、私たちのスタイルを真似する企業が出てきています。

私はそれを心からうれしく思っています。そうやって、様々な業界で組織のあり方がシフトしていけば、世の中がより良くなるのではないかと思っているからです。

M&Aの事業を通して、たくさんの企業を見てきました。

その中で、「日本の企業は本当に良い会社が多い」という思いを年々強くしています。独自の技術や高度な開発力を持っていたり、素晴らしいアセットを持っていたり、質の高いサービスが当たり前に提供されていたり。そんな卓越性を知る度に、日本の企業はもっと世界に認められるべきだと感じるのです。

実際、日本企業が海外の会社とM&Aを進める際、海外の経営者の多くは、日本企業に対して好意的に思っているケースが多いようです。真面目な国民性が評価されているのかもしれません。

その一方で、業務の効率化やAIの活用、DX化は発展途上であるのが現状です。あるいは、従来的な方法を採っている企業や、非合理な慣習がなくならない組織もまだまだ多い。

ですが、私はその現状を悲観しているわけではありません。なぜなら、裏を返せばそれは伸びしろが大きいということだから。

改善の余地をこんなにも残して、現在の経済規模や技術力を持っているのは、未来が明るい証だと思います。優れたリソースを持つ日本企業が効率化を進められたなら、日本の経済はグッと活性化し、社会はもっと発展していくはずです。

私は、「僕らの世代に合った組織のあり方」を模索するのが、自分がこの時代に生まれた意味だと思っています。

だから、本書では誰にでも真似していただけるように、具体的な取り組みや私の考え方、私たちがやってきたことを詳細にお伝えしてきました。

私たちの世代だけでなく、もっと若い世代の人々も実力を存分に発揮し、幸せに働くことができる社会にしていきたい。

そして、自分たちが上の世代になったときには、下の世代の新たな価値観を取り入れ、変化し続けていきたい。そう思っています。

そのためには、活躍のフィールドを「創る側」になってくれる仲間がたくさん必要です。

たった一人の考え方の変化が、波紋のように広がり、仲間を変え、チームを変え、いつしか組織を大きく変える。そんなストーリーも珍しいことではありません。どんな変革も、たった一人の小さな投石から始まります。

ぜひ、あなたがその一石を投じる人になってください。

私たちと一緒に、「新しい組織のあり方」を具現化していきましょう。

いずれ、そんな組織が世の中のスタンダードになることを願っています。

佐上峻作　さがみしゅんさく

1991年生まれ。M&A総合研究所代表取締役社長。神戸大学農学部で黄色ブドウ球菌の研究をする傍ら、起業家を志してデザインスクールに通う。ウェブデザイナーとして仕事をしたのち、2013年、㈱マイクロアドに入社。広告システムのアルゴリズム開発等に従事し、エンジニアとして経験を積む。15年、㈱Alpacaを設立。化粧品ECサイトとウェブサイト運営を行い、翌年、同社を9.5億円で売却。18年10月、㈱M&A総合研究所を設立し、創業から3年9ヶ月後の22年6月、東証グロース市場に上場（23年8月にはプライム市場に区分変更）。24年、Forbesの「世界長者番付」に日本人最年少ビリオネアとしてランクインした。最高位戦日本プロ麻雀協会会員。

効率化《こうりつか》の精鋭《せいえい》

2024年9月30日　第1刷発行

著者　佐上峻作
構成　水沢環（batons）
ブックデザイン　小口翔平＋後藤司＋神田つぐみ（tobufune）
図版　谷口正孝
校閲　玄冬書林
編集　白石圭

発行者　宇都宮健太朗
発行所　朝日新聞出版
〒104-8011
東京都中央区築地5-3-2
電話　03-5541-8832（編集）
03-5540-7793（販売）
印刷所　株式会社加藤文明社

Published in Japan by Asahi Shimbun Publications Inc.
ISBN　978-4-02-251992-4